デザインの教科書

柏木 博

講談社現代新書

2124

はじめに

久しい以前からのことではあるけれど、日用品のデザインに対して、人々の関心が広がっているように思える。それは雑誌や新聞などのメディアによるところが大きいといえるだろう。

日常の暮らしの空間に人々が目を向けたのは、ヨーロッパでは、一九世紀のことだ。「一九世紀ほど住むことに病的にこだわった世紀はなかった[1]」とヴァルター・ベンヤミンは指摘している。それは、一九世紀の産業ブルジョワジーに始まり、現在のわたしたちにいたっている。

一九世紀の産業ブルジョワジーが住むこと、つまり「室内」に病的にこだわったのは、私的な生活を「心地良い」ものにしようとしたことと、その結果としてそれが、自らのアイデンティティに関わっていると感じていたからだ。室内を意味するインテリアという言葉は、同時に「内面」「精神」を意味する。つまり室内は、生活者の精神を反映している。一九世紀に力を持ち始めた産業ブルジョワジーは、しかし他方では、精神の支えの中心となる世界観を持ち得なかったがゆえに、より強固に、自らの存在と関わる室内にこだわったといえるだろう。

デザインに対する意識が高まるということは、その意識の多くが、室内へと向かうということである。というのも、衣服やアクセサリーなどは身につけるものではあるけれど、その他のもののほとんどは、室内に置かれるからだ。

わたしたちが、なぜデザインに意識的になるのかということを、遠回りではあるけれど、もう少し室内に目を向けることから考えてみたい。室内とは、あらゆるものを入れておく空間（箱）である。したがって、生活者がどのようなデザインを使っているのか、あるいはどのようなデザインを好むのか、ということが室内に表れるといえるだろう。

アイデンティティとしての室内

たとえば、「探偵小説」では、事件が発生した室内を丹念に描写することで、その室内に関わる人物を暗示し、やがて犯人を特定していく。室内とそこに集められた日用品や家具は、人物を暗示する遺留品である。遺留品は、したがって所有者の自己表象となる。コナン・ドイルの「シャーロック・ホームズ」シリーズでは、つねに室内に残されたものが事件解決の手がかりになる。こうした室内を手がかりとする探偵小説は、エドガー・アラン・ポーに始まるとされている。

室内に置かれたさまざまなものは、たまたまそこには居ない、つまり不在の居住者の姿を描き出す。

視点をややずらすなら、ものや空間が不可視の存在を表象するということは、わたしたちが古くから経験的に認識してきたことである。ものや空間が、具体的な手がかり（表象）となるのはそれらのデザインによっているといえる。

たとえば、ヨーロッパの大聖堂にしても、日本の寺や神社にしても、そこには不在の聖なる人物（存在）をどのように暗示し表象するのかということに力を注いできた。ステンド・グラスによる、いわばスライドショーのような図像、大日如来、あるいは神の依代《よりしろ》となる御幣。それらは、誰もいまだかつて見たことのない非物質ともいうべき不在の聖なる存在を物質によって表象し、その存在がいかなるものであるのかを暗示している。さらにいうなら、不在（非物質）の聖なる存在を暗示する物質の集合こそが大聖堂や寺や神社という物質的空間を生み出しているのである。つまり、ものや空間（ものや空間のデザイン）

にそこには存在していない聖なるものの存在を暗示する力があることを、わたしたちは感じ取り、また認識してきたのである。

さまざまなものをわたしたちは生活の中に組織する

室内では、わたしたちは、多くのものに囲まれて生活している。それらは日々の生活を少しでも居心地の良いものにするために集められたものである。そうしたわたしたちを取り巻くものもまた、結果としてわたしたちの「痕跡」として自らの存在を表象している。聖なる空間に置かれたものも、生活空間に置かれたものも、どちらも、その空間の住み主の存在を表しているという点では、共通している。

聖なる空間を埋めるものは、不在の存在自身によって集められたものではもちろんない。人々の想像力によってつくられたものが集められている。人々の想像力が不在の存在を可視化しているのである。聖なる空間に置かれたものは不在者（神）の隠喩《メタファー》になっている。

他方、わたしたちの住まいには、わたしたち生活者自身が集めたものが埋まっている。それらのものは、それを集め、そこに生活している人物を表象している。ものは、それを所有している人間の換喩《メトニミー》（あるものを表現するのに、それと密接な関係のもので置き換えて表す）あるいは提喩《シネクドキ》（部分で全体を表す）になっているといっていいだろう。つまり、ものはその所有者自身の「部分」になっているのである。

ヴァルター・ベンヤミンは、たびたびものと空間が主体の表象になりうることを記述している。『パリ――一九世紀の首都』の中では、次のように書いている。

室内は私人の宇宙であるだけでなく、彼が閉じこもる容器でもある。ルイ＝フィリップ以来、ブルジョワのなかには、大都市での私的な生活の形跡の不在を取り戻したいという傾向が見られる。……第二帝政様式において、アパルトマンは一種のキャビンとなり、その居住者の痕跡が室内に型として残る。これらの痕跡を調べ、跡をたどる探偵小説は、ここから生まれてくる。エドガー〔・アラン〕・ポーは『家具の哲学』と「探偵小説」で、室内を対象とする最初の観相家となるのだ。初期の探偵小説では、犯人は紳士でもごろつきでもなく、ブルジョワジーの単なる私人にすぎない。(2)

一九世紀のブルジョワは自身が「心地良く」閉じこもるための容器としての室内のしつらいに心をくだいていた。その室内には住み手の「痕跡」が残される。そうした状況の中で、他方では、室内とそこに集積されたものを対象に、生活している人物（主体）を吟味する試みが、すでに探偵小説の中で行われていたというのだ。

今日、わたしたちが生活する室内に集められた膨大なものは、もちろん自身がつくり出したものではなく、商品として購入したものがほとんどである。したがって、誰もが、同じものを室内に置いており、そこに個々人（主体）の違いは読みとれないのではないかという気もする。けれども、所有された商品は、人それぞれ、さまざまなやり方によって、固有のものへと再編されていく。このことをミシェル・ド・セルトーは、「料理法」[3]と称している。つまり、商品を独自に生活の中に組織するのである。そこに、人々（主体）の固有性（自己表象）を見ることができるのではないだろうか。

そうしたことを、わたしたちはそれとなく感じている。わたしたちが、身につけるものや室内に置くもののデザインに気づかい、こだわるのは、少しでも「心地良い」生活をつくるためである。さらには、結果としてそこに自身の姿が投影されるからであり、そこに自分の内面が反映されるからである。冒頭でふれたように、久しく、わたしたちのデザインに対する関心が広がっている。それは、一九世紀の産業ブルジョワジーが、それまでになく、「住むことにこだわった」ことの延長にあるといえるだろう。わたしたちは、住むこと、つまりデザインにこだわるほどの、簡単にいえば豊かさの中にいるということでもある。

わたしたちは、デザインにこだわるほどの豊かな生活環境の中にいるといったが、ここであわてて付け加えなければならない。実は、一九世紀以来、貧困は減るどころか、増え続けているのである。「貧困とデザイン」ということは、デザインの大きなテーマであり、これについては、後ほどふれたい。

ところで、デザインに対する意識が強くなっていることは、社会的現象として間違いないのだけれど、では、デザインとは何なのだろう。このことを考えるのが、この本のテーマである。それはわたしたち自身の生活、あるいはさまざまな行為を見直すことでもある。

イギリスのデザイン史家のアドリアン・フォーティは、デザインを考えるにあたっての、きわめて的確な指摘をしている。

> もし政治経済学が政治家によってなされた言明に照らして経済を研究するだけでなりたつものなら、まことに、そんな学問は世界についてのわれわれの理解にほとんど資することはないだろう。デザイナーの言明をまったくしりぞけてしまうのは明らかに愚かしいことではあるけれど、それらがデザインについて知るべきことの一切をあらわしてくれる、などと期待してはならない。[4]

政治家の言説をつないでいくことで、政治経済が理解できるとは思えないように、デザイナーの言説をつないでいくことで、デザインが理解できるわけではない、というのがフォーティの指摘だ。もちろん、政治家の発言を無視できないように、デザイナーの発言も重要である。

では、デザインとは何か。いや、もう少し柔らかく、デザインをどういう視点から見ればいいのだろうか。

（1）ヴァルター・ベンヤミン『パサージュ論Ⅴ』今村仁司ほか訳、岩波書店、一九九五年。
（2）ヴァルター・ベンヤミン『パサージュ論Ⅰ』今村仁司ほか訳、岩波書店、一九九三年。
（3）ミシェル・ド・セルトー『日常的実践のポイエティーク』山田登世子訳、国文社、一九八七年。
（4）アドリアン・フォーティ『欲望のオブジェ　デザインと社会 一七五〇―一九八〇』高島平吾訳、鹿島出版会、一九九二年。
Adrian Forty, *OBJECTS OF DESIRE: Design and Society 1750-1980*, THAMES AND HUDSON, 1986.

目次

第1章　デザインって何？

いくつかの視点

「デザイン」っていったい何だろう。この単刀直入な疑問あるいは質問に、即座にひとつの答えを出すことは、なかなか大変なことだ。家具や衣服あるいは書物など、人間がつくりだすさまざまなものは、その良し悪しは別にしてすべてデザインされている。そして、すべてのものがわたしたちの生活に関わっている。だから生活っていったい何だろうという質問と同じほどに、デザインって何だろうという問いに対して答えをすぐに出すことが難しいように思える。

けれども、ここでは「デザインとは何か」という問題について、いくつかの目を向けるべき要素をあげながら、できるだけ簡単な道筋で考えてみたい。

わたしたちの生活と同じように、デザインもまた、多様な要素の複合的な関係の中で、成り立っているといえる。つまり、社会や経済や技術や産業あるいは人々の思考や感覚などの複合的な関係の中でデザインは生まれてくる。

そのデザインをブランドやデザイナーに関する蘊蓄《うんちく》ではなく、もう少しだけ踏み込んで、デザインそのものについて目を向けてみよう。

まず第一に、わたしたちが何かをデザインするには、要因あるいは動機づけとして何かがあるはずだ。その要因はいくつかあるだろうが、そのひとつに「心地良さ」を求めるということがある。

第二に、デザインは、わたしたちが自然や道具や装置に関わり、それを手なずけていく一連の計画と実践だといえるだろう。もちろん、そこには技術の変化も関わってくる。

第三に、デザインは趣味や美意識と関わっている。

第四に、近代以前においてとりわけ顕著に見られることだが、デザインは地域や職業や階級の違いと結びつき、それらを表象するものとされてきた。デザインには社会的な規範が関わっていると見ることもできる。

もちろん、こうしたこと以外にもデザインに関わっている事柄あるいはデザインを成り立たせている要素はあるけれど、とりあえず、こうした視点からまずは「デザインとはどういうものなのか」を見ていこう。

視点1　心地良さという要因

わたしたちは、自然や道具や装置に関わりながら、それらを手なずけ、そして馴染みの良いものへといわば改良してきた。道具や装置の歴史は改良の歴史といえる。もちろん、改良したつもりが改悪という失敗の結果になる場合もある。ものを改良するにあたって、

図1　チャールズ・レニー・マッキントッシュによるグラスゴーの「ウイロー・ティールーム」のハイバック・チェア

その要因として、より使い心地の良いものにしようとする志向が働いている。使い心地の良い筆記具、着心地の良い衣服、住み心地の良い住まい、読み心地の良い書物などなどといったことだ。

たとえば、レストランに入ったときに、わたしたちは、どのテーブルがいちばん落ち着いて食事ができるのかを判断する。窓の外の風景が見えるほうが良い。人の行き来が激しくない位置はどこだろうか。人の声がうるさくないかどうかも判断する。視線をさえぎるものがあるかどうかも重要である。できれば入り口から奥まっていたほうがいい、などさまざまな条件を一瞬のうちに確認して座席を決める。

ちなみに、スコットランドのグラスゴーでチャールズ・レニー・マッキントッシュが二〇世紀初頭にデザインしたウイロー・ティールームという喫茶店では、椅子の背もたれを高くして人の視線をさえぎるようなデザインをしている（**図1**）。マッキントッシュが、視線をどう扱うのかということを問題にしていたことがわかる。

どうすれば心地良くすることができるか。そのことにわたしたちは心をくだいて生活している。どれほど狭い住まいであっても、そこを少しでも快適にしたいという気持ちは誰にでもあるはずだ。わたしたちはわずかでも「居心地の良さ」を求める。どうやらわたしたちの中に、そうした状態を求める根源的な欲望があるようだ。

少しでも心地良くあるいは快適に過ごすために、わたしたちは家具や食器、そしてさまざまな日用品を選び、それを工夫して使っていくことになる。そうしたことの結果として、それらのものがわたしたちの生活の痕跡となっていく。したがって、デザインについて考えるには、まずはデザインする立場からではなく、それを使う立場から考えたほうが良いかもしれない。心地良さについては、第3章であらためて考えてみたい。

視点2　環境そして道具や装置を手なずける

土木工学の歴史研究家として知られるアメリカのヘンリー・ペトロスキは、ゼムクリップのような小さな道具から巨大な橋のようなものにいたるまでさまざまな対象を技術史的な見方から、デザインとは何かについて考えるヒントを多く与えてくれる。

かつて人が川を渡ろうとしたとき、「浅い流れなら歩いて渡るのが、きっといつもの越え方だっただろう。だがそうするには、途中で少なくとも足を濡らさなければならない。そんなに浅くはない流れでも、同じやりかたで渡れただろうが、流れが速いとそれほど強くなくおぼつかない足にはむずかしかっただろう。川がもっと深ければもちろん泳いで渡っただろうが、危険はずっと大きく濡れ方はもっとひどかっただろう。われわれのずっと昔の先祖やたいていの動物にとってはこれが自然なことだっただろう」。しかしあるとき、「別の考えをする発明精神の持ち主は、……違うやり方を求めたことだろう。……水はずっと速くずっと強く川底のころがり石を揺らしていただろうが、それらの石の間隔が好都合だったことから、まったく濡れずにすむ方策を思いついただろう。飛び石は流れの途中までしかとどいていなくても、別の石をしかるべき場所まで持ってきて、自然の通路を延長するには、それほどの空想力の飛躍は必要としなかったに違いない。こうして、飛び石が最初の、恒久の、濡れない渡しになったのだろう[1]」

　川底にころがる石を飛び石に見立てて、どの石が、より足を濡らさず安定して踏み心地が良いかを選んだこと自体が、すでにデザインなのだとペトロスキはみなしている。好都合な飛び石が見つからなければ、たしかに別の石や流木を持って行って置いたはずである。こうなると、ますますデザイン的な思考や行為となっていくことになる。

「実際、今日でも、橋建設の始まりは、橋脚という名の高い間隔の広い飛び石であって橋はその間に架けられている」とも述べている。

「最も早期の有用な事物は、いうまでもなく、自然界に見出だされる事物であった」ことは間違いない。つまり、川底にころがる石は、いわば「橋脚」として使われる。このように、自然の事物にしろ人工物にしろ、何かしら有用なものとして見出されるのは、そうしたものが人々に何かを「アフォード」(afford) しているからだといえる。アフォード、つまり、ものや事が自然の結果として何かを供給（産出）するということだ。また、こうした事態を「アフォーダンス」ともいっている。

しかし、わたしたちは、自然の事物や既製の人工物からのアフォーダンスを超えて、さらに人工的な働きかけをする。つまり、それはやがて人為的な工夫へと進化していく。アフォーダンスが、わたしたちに対する対象物の持ついわば「潜在的有用性」だとすれば、それに対する人間側からの人工的働きかけを「表象行為」といってもいいだろう。その「表象行為」をデザインと言い換えることもできる。

ちなみに、「椅子」のデザインを想起してみればいい。人々は当初、地面の湿気や温度から身体を守るために適当な石や倒木に腰かけたことは容易に想像できる。

たとえば、ハイキングに出かけ、お弁当を開くときに、座り心地の良さそうな手頃な石や切り株を探し、そこに座る（**図2**）。

図2　木の切り株。椅子にもテーブルにもなる

かつては、やがて自在に持ち運びできるような適当な大きさの丸太を見つけたり、丸太のいわゆる「玉切り」をつくったかもしれない。そして、最終的には、加工しやすい木によって、丸太ではなく、より軽量化するために、板に脚をつけた椅子を製作することになる。古代エジプト時代には、椅子をふくめ多くの家具の原型ともいうべきデザインが出現している。

椅子をはじめとしてさまざまな家具は、それらが使われる場所や使われ方によってデザインの変化を生み出していく。このことは家具にかぎられたことではない。ペトロスキは、石をハンマーとして使い始めたことを例にしている。人々は、しだいに使いやすい形状で、割れにくい石を選ぶようになり、やがては、岩石に柄を取り付け、それもしだいに使い心地の良い形状へと改良していく。やがて、さらにさまざまな用途や握り方によるハンマーのバリエーションがつくられていくようになる。一九世紀の後半には、イギリスのバーミンガムだけでも、約五〇〇種類もの異なったハンマーがつくられていたという。

もちろん、使い方によってだけではなく、時として形態的な差異をつくることそのものが目的化されてしまったことも否定できない。形に対する好みや趣味があるからだ。

飛び石にしても椅子にしても、わたしたちの身体を補い、その機能を延長し拡大するものである。そのことは、クルマが脚の延長であり、コンピュータが脳の延長である今日においても変わりはない。

けれども、いわゆる技術の変化によって、装置ものデザインも変化する。たとえば、かつては、スライドプロジェクタが次々に改良されてデザインされてきたけれど、現在ではデジタル技術がそれにとって代わり、いわゆるパワーポイントが使われている。

少し視点を変えてみよう。太古において、わたしたちが自分自身の身体のほかに道具（もの）を持たなかったとき、木を折ったり、削ったりすることを、わたしたちは自らの手や歯や爪を使って行っていたのだろう。爪のついたわたしたちの手は、ものを摑んだり、摘んだり引っ掻いたりと、さまざまなことをする道具である。手の持っている膨大な機能を、わたしたちはナイフやピンセットなどさまざまな道具として身体から独立させてきた。道具は身体の延長といえる。また、そうした道具を進化させ、複合化し、さらに新たな道具を生み出してきた。こうしたことが、デザインの進化であり、デザインのバリエーションを生み出してきたのである。

人類学者のアンドレ・ルロワ＝グーランによれば、こうした道具の進化は、生物の進化と似ているという[2]。ときには、そうした道具は技術の変化によって、まったく異なったものへと進化してしまうこともありえる。

自然や道具や装置を手なずけていくことの一連の実践がデザインの役割である。それは他の動物にもいくらでも見られる。そうしたことは人間だけに見られるものではない。それを人間だけのものと考えるのは、いわゆる人間特殊論といえる。たとえば、ビーバーが川の流れを変えるほどの土木工事をしてしまうことからもそのことがわかる。しかし、その複雑さと多様性ということにおいては、人間に特徴的なことだといえるだろう。

ここで、議論を少しずらさなければならない。わたしたちが自然を手なずけるということは、「自然という富」を収奪しているのだということも認識しておかなければならない。自然からの「搾取」である。カール・マルクスは『資本論』の中で「物は、価値でなくして使用価値であるばあいがある。その物の効用が、人間にとって労働によって媒介せられないばあいは、それである。例えば、空気・処女地・自然の草地・野生の樹木等々がそうである」と述べ、「人間はたえず自然力の援けをかりている。したがって、労働はその生産する使用価値の、すなわち素材的富の、唯一の源泉ではない。ウィリアム・ペティがいうように、労働はその父であって、土地はその母である」[3]と述べている。

わたしたちは、自然という富を、長く、富であるということを知りながら、それを広く認識させないようにしてきた。空気も水もいわば「無料」であり、それを産業が無尽蔵に使ってきた。それらを価値のあるものにしたのは、あたかも労働と技術であるかのようにしてきたのである。それは、自然を手なずけることとつながっている。

産業あるいは技術先進国は、空気や水は無料であり、それを価値あるものにしているのは、自らの技術であるとして、膨大な自然を搾取してきたのである。いまや、新たに台頭してきた国々が同じことをしている。このことは、自然環境問題と深く関わっている。

デザインは、自然を手なずける実践であるが、自然の収奪や搾取ということでは、近代の産業が圧倒的な力を持って行ってきたことに深く関わってきたことを認識しなければならないはずだ。

視点3　趣味と美意識

さて、三つ目のテーマに目を移そう。デザインは「趣味」と「美意識」と深く関わっていることは、誰もが知っているところである。では、趣味と美意識をデザインはどのように扱ってきたのかという実践的方法論となると、これもまた一言では説明しにくい。実は、これがいちばんやっかいなところだといえるだろう。

日々の暮らしの中で使う道具や衣服や家具などに、わたしたちは古くから装飾を施してきた。装飾は、道具や衣服や家具などに、あるときは親しみや使う楽しみを与え、またあるときは荘厳な雰囲気を与えてきた。

人類は装飾することに多くの精力を傾けてきた。装飾は人類を特徴づけるもののひとつだといえる。とはいえ、装飾は人間以外の動物では行われていないということではもちろんない。ニワシドリのように装飾する動物が人間以外にも存在することが知られている。装飾においても、人間は、ちょうど言語と同じようにきわめて多様で複雑な表現をしてきた。

美術史家のエルンスト・H・ゴンブリッチは、人間の装飾を成立させているのは、「秩序の感覚」であるとしている。(4) また、装飾を生み出すことは、動作の熟練と関わっているのだともいう。動作の熟練をさまざまなことに利用するところにまた人間を特徴づけるものがある。熟練した動作をわたしたちは、編み細工や彫刻に向けてきた。それは装飾の発生と結びついている。人々は、秩序を持った幾何学的な模様とともに、植物や動物を装飾に使ってきた。

こうした装飾は、文章でいえば、「いろどり」「あや」（彩）つまり文彩にあたるだろう。文彩はフランス語ではフィギュール（figure）というが、この言葉には「顔つき」「図形」などといった意味もある。英語のフィギュアも、文章の「修辞」の意味と同時に、「図案」などの意味がある。また、音楽における「音型」あるいはモティーフを意味する。

文章を「いろどる」ことや音楽における一連の「音型」（モティーフやフレーズ）をつくることもまた、「図案」をつくる、つまり広い意味での装飾をつくることにほかならないだろう。実際、音楽では音を装飾することが行われている。

ヨーロッパの装飾の歴史を振り返ると、過剰に装飾することと装飾をできるだけおさえて簡素にすることとが、相互に行われてきたといわれている。たとえば、グスタフ・ルネ・ホッケの『文学におけるマニエリスム』に、そうした指摘を見ることができる。[5]

文章の世界では、装飾的であることを「アジアニズム」（アジア的）といい、非装飾的であることをアッティシズム（atticism＝アッティカattique趣味、アテナイ中心の、つまりギリシャ的）であるとしている。ロラン・バルトは、「古代レトリック」の中で、アジア趣味とアッティカ趣味を対立させ、前者がマニエリスムのように意表をつく効果を基礎にしており、それに対するアッティカ趣味は、「純粋」であることを擁護していると述べている。

したがって、ヨーロッパにおいては、アジア趣味は排除され、アッティカ趣味はその後継者である古典主義的美意識によって擁護され続けた。しかし、視点を変えてみれば、非装飾的であることも、また装飾的秩序の意識によっているといえるだろう。

装飾的なものと非装飾的なものは、文字のデザインから家具そして建築など巨大なものにいたるまで、そこここに見ることができる。

たとえば、文字でいえば、一六世紀前半のドイツのヨーハン・ノルディアによる「古ラテン文字基礎教程」や画家のアルブレヒト・デューラーによる「測定論」に現れる文字は、均整のとれた非装飾的なデザインだが、一七世紀初頭のパウル・フランクによる「花文字」は解読しにくいほどの装飾的なアラベスクとなっている(図3〜図6)。

ちなみに、二〇世紀前半のドイツの造形美術学校バウハウスに代表されるモダンデザインは、文字や家具などのデザインに非装飾の秩序を求める傾向があった。それはあえていえば、古典主義的、新古典主義的な流れの延長にあるといえる。ヨーロッパにおける古典とは「ギリシャ」(アッティシズム)にあることは、すでにふれたとおりである。

ほぼ同じ時代に世界中で広がった、後にアール・デコと呼ばれるデザインはきわめて装飾的であり、時としてアジア的な傾向を見せている。

秩序としての装飾(非装飾)は、規範(カノン)や様式を生み出してきた。それは地域や民族そして宗教によって異なり、また時代によって変化してきた。わたしたちが、デザイ

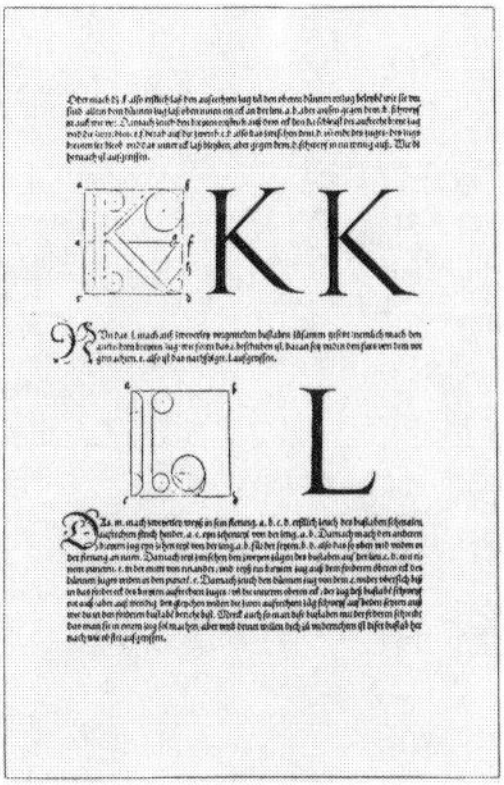

図4

図３　アルブレヒト・デューラーによる「測定論」（1525年）
Philip B. Meggs, *A HISTORY OF GRAPHIC DESIGN,* VIKING.

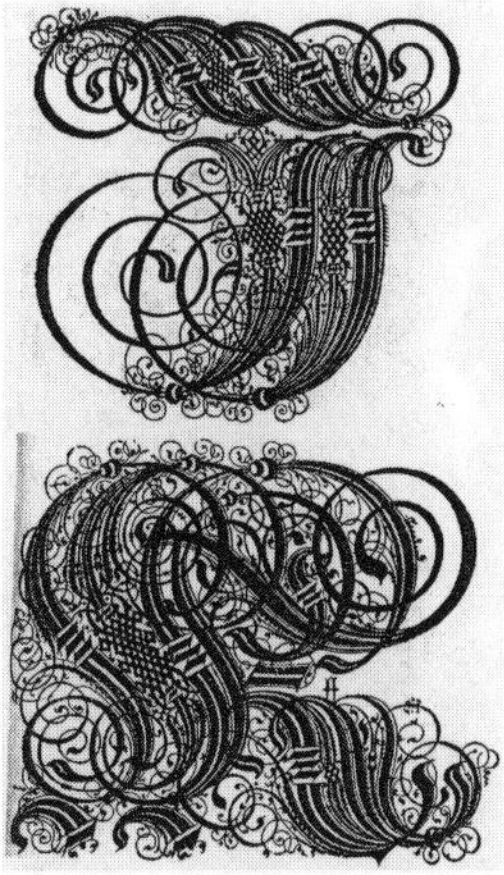

図6

図5

図４、図５　アルブレヒト・デューラーによる「測定論」（1525年）に描かれた文字
Philip B. Meggs, *A HISTORY OF GRAPHIC DESIGN,* VIKING.

図６　パウル・フランクによる花文字　（1601年）
Nicolete Gray, *A HISTORY OF LETTERING,* PHAIDON・OXFORD.

ンに対して抱く趣味や美意識は、おそらくこの秩序の感覚と関わっているように思える。秩序を与えることこそデザインの重要な要素だといえるだろう。

「趣味」については、後ほど（第7章）あらためて異なった視点から見てみたい。

秩序と規範

秩序や規範が様式を生み出したということで、ここでもう少し寄り道をしておこう。つまり、ある特定の秩序や規範がなぜ心地良く感じられるのだろうか。このことが気になる。これはなかなか説明がつきにくいのだけれど、心地良く感じられる秩序や規範の法則があるように思える。心地良く感じられるある音の組み合わせ（和音）がなぜ心地良いのかは、説明はつかないけれど、そこに一定の法則があるということと同様のことだといえるだろう。同じことは色彩のカラーハーモニーについてもいえる。

建築家のジョージ・ドーチは、ヒナギクの花心（小花筒）をはじめとした植物の形態や巻き貝や魚や昆虫のプロポーションを図学的に割り出して、そのプロポーションが、いかに人間が生み出す芸術や建築（デザイン）の調和的プロポーションと関連しているのかを説明している。(6)

たとえば、ヒマワリの小花筒を例にしている。よく目にする美しい螺旋を描く種になる

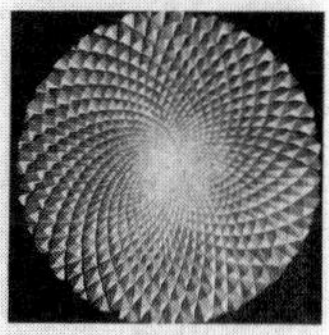

図7　ジョージ・ドーチによるヒマワリの種子のパターン分析
György Doczi, *The Power of Limits: Proportional Harmonies in Nature, Art & Architecture,* Shambhala Publications, Inc.

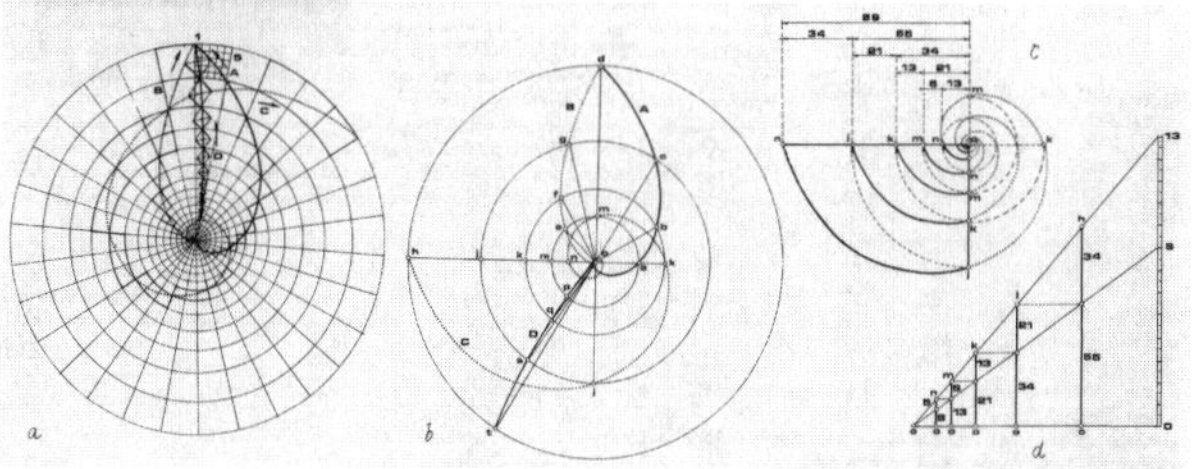

花心の部分である。それが有名な「フィボナッチ数列」であることを示している（図7）。

「黄金分割比」についていえば、ギリシャ神殿の柱の位置やその構成が、そのプロポーションによっていることはよく知られている。ギリシャの柱（オーダー）の分割比例は、一八世紀にさまざまな様式を混在させるような家具のカタログをつくったトーマス・チッペンデールですら、家具デザインのプロポーションの依拠すべきものとしている。

また、ヒナギクの花心もまた「黄金分割比」であることをドーチは図解している。そのプロポーションは、アメリカでは紙サイズの規格、紙幣、小切手、クレジットカードのプロポーションにも見られるといわれている。

さきにふれたように、ヒマワリの小花筒の螺旋図形は「フィボナッチ数列」になっているらしいのだが、その数列の成り立ちを簡単にいえば、ふたつの数を足した数が次の数になる数列をフィボナッチ数列と呼んでいる。その数列は最終的には黄金分割比となる。

ついでながら、わたしたちの感覚は、等差的（隣り合うふたつの数の差が一定のもの）よりも等比的（隣り合うふたつの数の比が一定のもの）に並ぶ流れのほうに、均一差を感じるようである。典型的なものは、音階だ。いわゆる十二音階は、均一差による「平均律」に調律されている。この音のスケールは、等差ではなく、等比になっている。隣り合う音の周波数は、公比約一・〇五九四の等比数列になっている。したがって、西洋を中心とした音楽は、この等比的な音のスケールの「平均律」によって構成されている。

デザインでは、プロポーションにも関わるのだが、単位寸法あるいは寸法体系とも呼ばれる「モデュール」がある。正方形をふたつつないだ畳サイズを単位とする寸法体系も、日本の伝統的モデュールである。古くからいわれていることだが、日本の畳は、日本人の身体スケールから来ているとされている。

建築家のル・コルビュジエは、自身のモデュールを「モデュロール」という名称で提案した（図8）。モデュロール＝モデュール・ド・オール（Module d'or、黄金のモデュール）である。この造語からも想像できるように、ル・コルビュジエは、身体寸法を黄金分割(Section d'or）比に接合して「モデュロール」という寸法体系をつくり出したことがわか

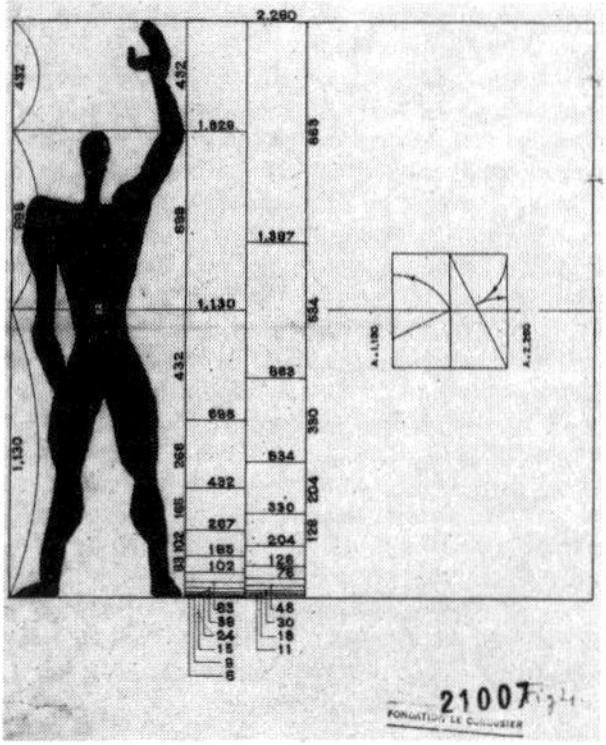

図8　ル・コルビュジエ「モデュロール」
Centre Georges Pompidou, *Le Corbusier une encyclopédie.*

る。この寸法体系でデザインされたものとして、もっとも簡素でわかりやすいものは、マルタン岬につくった、彼のいわば終《つい》の住まいとなったわずか八畳ほどの小屋「カバノン」だろう。この小屋では、建築のみならず、家具などにもまた、彼のモデュロールによる寸法が使われている。

　視点を音に向けてみよう。バウハウスでは、学生に楽器をデザインさせるという課題を与えている。音の調和もまた、目に見える比例関係にある。

　たとえば、ギターのようなシンプルな弦楽器を例にとるとわかりやすいと思う。ギターの音階は、ネックに打ち込まれた金属のフレットによって刻まれている。ギターの大きさによってネックの長さは変わるのだけれど、フレットの位置は、弦が始まる場所（ナット）から弦が終わる場所（ブリッジ・ボーンあるいはサドル）までの長さを比例分割して決定する。ナットからブリッジ・ボーンまでの長さの二分の一の場所が一二フレットになる。つまり、そこまでの長さが一オクターブとなり、高くなるにしたがって、オクターブの長さはいわば等比的に半分になっていく。このようにすると、音もまた視覚的プロポーションに対応していることがわかる。ギターもピアノも音階はデジタルにつくられているが、ピアノの弦は見えにくいので、音階の構成を視覚的に捉えにくい。それに対して、ギターのフレットは、音階を視覚的に示していることがわかる。

一対一の比例は、ユニゾン、一対二は同音だがオクターブとなる。わたしたちが五度と呼んでいる和音は、二対三比例で得られる。ドーチによれば、この五度のディアペンテと呼ばれる比例は、〇・六六六となり黄金分割比の〇・六一八に接近しているのだと述べている。また彼は、音の調和も色彩調和と対応しているのだという。

こうした自然現象、自然の生み出すプロポーションを美しいとしながらも、それをかき乱すことも、もちろんデザインの自由として許されてはいるといえるだろう。

イルカの形態

わたしたちの生活環境を構成している自然は、わたしたちの意識や感覚に深く影響を与えてきた。したがって自然現象は、わたしたちが生み出すデザインにも少なからず関わりを持ってきた。

動植物の形態やプロポーションが、一定の法則を持っており、それは、「黄金分割」などと共通性を持っていることを見てきた。それはまた、音のハーモニーなどとも共通性があるとも述べた。次に、もう少し異なった事例を見ておこう。

デザインを決定づけた自然現象としてもっともよく知られている例は、水や空気の抵抗だ。水や空気の物理的抵抗をいかに回避するかということは、近代において大きなテーマとなった。

というのも、近代においては、「速度」は圧倒的な価値とされてきたからだ。高速度の生産、高速度の消費、ものも情報も高速度で移動しなければならない。政治闘争の特別な形態としての戦争は、すべてが速度の闘争であるとすらいえる。弾丸は高速度で撃ち込まれることで殺傷が可能となる。つまり、小さな金属の塊から戦闘機にいたるまで、高速移動することで戦争機械としての有効性を高めることになる。

移動装置の速度を高めるためには、水や空気の抵抗を回避する必要がある。このことは、具体的には「流線型」のデザインとして現れることになる。移動装置が流線型に最初にデザインされたのはいつなのか。明確にはわからないが、ジークフリード・ギーディオンの『機械化の文化史』[7]によれば、すでに一八八七年には列車にそれらしきものが見られるという。

流線型のデザインは「流体力学（ハイドロダイナミックス）」「空気力学（エアロダイナミック

ス)」という概念を基礎にしている。「流体力学」というタームは、ダニエル・ベルヌーイが一七三八年に出版した本の中で、流体静力学（ハイドロスタティックス）と水力学（ハイドロウリックス）の科学との関わりで使っているとドナルド・J・ブッシュは『流線型のディケード』[8]という本の中で指摘している。

しかし、そうしたことが知られたにしても、船体のデザインは相変わらず直感によっていたのである。一八〇九年にジョージ・ケイリーが「もっとも抵抗が小さい本当の形態」ということで、自然に目を向け、泳ぐ動物と飛ぶ動物の形態に目を向けたのだ。つまり、魚や鳥などの自然の形態が抵抗の小さい形として認識されるようになったのである。

ドイツでは、一八九七年に飛行船「ツェッペリン」の飛行テストが行われているが、この形態は葉巻型（流線型）であった。つまり、流線型が移動体のデザインにふさわしいことは、一九世紀から二〇世紀の初頭にかけてすでに知られていた。

しかし、流線型が実際に一般化し始めるのは一九三〇年代のことだ。三一年、アメリカの第一世代のデザイナー、ノーマン・ベル・ゲディーズは「ロコモーティヴ・ナンバー1」のイメージを流線型で描いている。もっともよく知られているのは、三四年に出現した、シカゴ・バーリントン鉄道で波状アルミ板を使った流線型の列車「ゼファー」である。この列車は、ディーゼルエンジンという新たな技術を内蔵しており、流線型はそれに

図9　ノーマン・ベル・ゲディーズによるオーシャン・ライナー（1932年）。流線型のデザイン
Donald J. Bush, *THE STREAMLINED DECADE,* George Braziller.

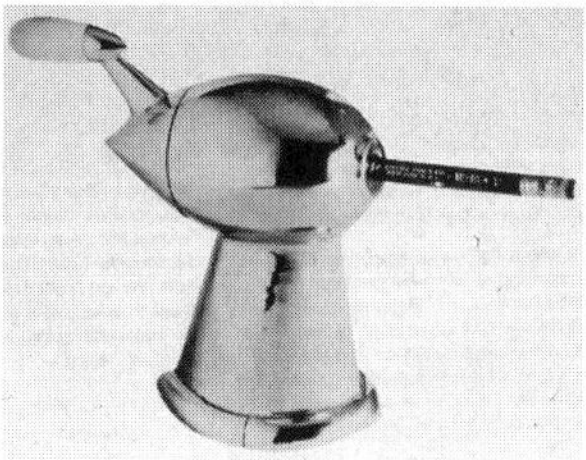

図10　速度とは関係ないものにまで流線型のデザインが流行の形態として使われた。レイモンド・ローウイによる鉛筆削り（1933年）
Centre Georges Pompidou, *RAYMOND LOEWY, un pionnier du design américain.*

ふさわしい外観デザインとされたのだ。つまり、流線型は、三〇年代になると、速度を上げるデザインである以上に、速度を感じさせるデザインとなった。「流線型の時代」である。日常生活のすべてを機械によって高速度にコントロールすることを夢見始めた時代でもある（**図9、図10**）。そのときのモデルとなった形は、イルカや魚や鳥など自然の形態であったのだ。

　繰り返すが、こうした自然現象、自然の生み出す形態を美しく合理的なものであるとしながらも、そうした形態から逸脱することも、もちろんデザインの自由として許されてはいる。

視点４　地域・社会

良し悪しは別にして、わたしたちは社会的な生活をしている。つまり社会的な存在である。このことが、集団的な約束事を生み出してきた。人間のこの特性がデザインに反映されていくことになる。これはいかにも人間社会に特有なことである。

人々は、生活する地域に特有のデザインを生み出してきた。民族的な衣装から住まいのデザインにいたるまで、その特徴を見ることができる。韓国や中国の民族衣装と日本の着物とは、相互に何らかの影響関係の歴史があるとしても、やはり、その違いは歴然としている。文字の書体（フォント）にも、大きな宗教的建築物にも、それぞれの違いを見ることができる。それは、集団の文化がデザインに反映されてきたためだともいえるだろう。

こうした地域性を排除し、インターナショナルなスタイルをデザインしようとしたところに二〇世紀のデザインの特性がある。

いまだに、地域性や民族的差異の名残は残されている。クルマのデザインには、ドイツやイギリスやアメリカや日本の特性をいまも見ることができる。

さらにいえば、極限的機能性を追求した戦闘機のデザインですら、同じデザインにはなっていないことがわかる。アメリカのロッキード、旧ソ連のミグ、フランスのミラージュ、イギリスのホークといった戦闘機には、それぞれの民族性の違いが反映されている。

デザインの社会性ということでは、地域や民族性のほかに、デザインはつねに職業や階級を鮮明に差別化するために使われてきた歴史がある。衣服から家具そして住まいのデザインにいたるまで、支配階級と被支配階級の差別化がなされてきた。

社会との関わり

かつて、近代以前の社会においては、デザインは複雑な社会的制度（階級や職業など）と結びついていた。どのような衣服を身につけ、どのような食器や家具などの日用品を使い、どんな住居に生活するのか。これは、自由に選択することはできなかった。衣服やもののデザインは、社会的なシステムを可視化したものであった。つまり、職業や階級の制度の記号としてデザインを使ってきたのだ。

人々は、日々、自らの衣服やもののデザインによって、自分の職業や階層を確認しているのであり、したがって、それを捨て去ることは、時として制度（システム）への暗黙の異議申し立てとなる可能性を持っていたのである。

日本では、中国の制度をモデルとした律令格式《りつりようきやくしき》が八世紀から九世紀にかけてつくられた。これには、衣服や色使いに関する、つまりデザインに関する規制がふくまれていた。この制度はやがて日本的なアレンジがなされていく。たとえば、紫の衣服はもっとも高位の者しか身につけることができないことであるとか、喪服の規則であるとか、きわめて細目にわたった禁制があった。デザインに関しては江戸期にかつての規制はかなり変化したが、いずれにしても、儀礼に関する規則とともに、デザインに関する禁制は、権力による制度とシステムを可視化する機能を持つがゆえにきわめて重要なことであった。デザインの持つ重要性のひとつは、目に見えないシステムや関係を目に見えるものにする、つまり可視化するところにあるともいえる。

ヨーロッパにおいては、一八世紀のフランス革命、そして一九世紀に及ぶいわゆる産業革命を通して、以来、デザインはそれまでの制度から解放されていくことになる。それは社会全体が新しい機構と組織を形づくっていくことと関連していた。新しい社会は新しい約束事とシステムを持たなければならなかった。

一般的には、この時点において、個人と個人、個人と社会あるいは国家との新たな約束（契約）が提唱されることになった。そして新しい社会を人工的に構築しようという思考は、そのまま新しいデザインを求めたのである。このことが近代デザインの出発をうながしていた。つまり、近代社会における思考や意識そして感覚、また想念が近代デザインに投影されることになる。

日本でも明治維新以降、原則としてわたしたちの生活を取り巻くデザインは、古い制度から解放されることになった。身分制度によってではなく、それぞれの経済的事情にしたがって、どのようなデザインも自由に使えることになる。つまり、デザインは古い社会的な制度から市場経済のシステムに委ねられたということもできる。これはきわめて大きな意味を持つ。デザインは資本主義的な市場経済の約束事に委ねられたのである。たとえば、経済的に許されるのであれば、それまで暗黙のうちの複雑な社会的制度としてあった職業や階級に関わる消費は一気に飛び越えられるということになる。実際に、そうした事態がもっとも早く実現したのは、大量生産を早くから実現したアメリカにおいてであった。

もちろん、一八世紀以降もデザインを権威の記号として使うことは行われ続けた。ちなみに、一九世紀初頭のナポレオンは、自らの権力を誇示するために、特有の帝政様式をデザインさせたし、二〇世紀のドイツにおけるファシズムも新古典主義的デザインを、権力を示すために利用した。デザインが呼び起こす記憶を利用したのだ。デザインには、さまざまな社会的な差異を表す記号としての面があり、そのように使われてきた。繰り返しになるけれど、デザインとは意味を目に見えるものにするための記号の実践でもあるといえる。

ここでふれてきたこと以外にもデザインにはさまざまな意味がある。けれども、冒頭の議論にもどれば、デザインは、今日、誰もが等しく望む自由で心地良い環境を生み出すことの実践としてあることは間違いないだろう。

(1) ヘンリ・ペトロスキ『失敗学―デザイン工学のパラドクス』北村美都穂訳、青土社、二〇〇七年。
Henry Petroski, *Success through Failure: the paradox of design*, Princeton University Press, 2006.

(2) アンドレ・ルロワ＝グーラン『身ぶりと言葉』荒木亨訳、新潮社、一九七三年。
André Leroi-Gourhan, *LE GESTE ET LA PAROLE: TECHNIQUE ET LANGAGE*, ALBIN MICHEL, 1983.

(3) カール・マルクス『資本論』(第一巻)、向坂逸郎訳、岩波書店、一九六七年。

(4) E・H・ゴンブリッチ『装飾芸術論』白石和也訳、岩崎美術社、一九八九年。

(5) E. H. Gombrich, *THE SENSE OF ORDER: A study in the psychology of decorative art*, PHAIDON, 1984.
グスタフ・ルネ・ホッケ『文学におけるマニエリスム』Ⅰ・Ⅱ、種村季弘訳、現代思潮社、一九七一年。

(6) ジョージ・ドーチ『デザインの自然学―自然・芸術・建築におけるプロポーション』多木浩二訳、青土社、一九九四年。
György Doczi, *The Power of Limits: Proportional Harmonies in Nature, Art & Architecture*, Shambhala Publications,Inc., 1981.

(7) ジークフリード・ギーディオン『機械化の文化史』榮久庵祥二訳、鹿島出版会、一九七七年。
Siegfried Giedion, *Mechanization Takes Command: a contribution to anonymous history*, W. W. Norton & Company, Inc., 1975.

(8) Donald J. Bush, *THE STREAMLINED DECADE*, George Braziller, Inc., 1975.

第2章　二〇世紀はどのようなデザインを生んだか

近代のデザイン

二〇世紀のデザインは、それまでとはまったく異なった展開がなされた。新しい技術の開発・導入、政治・経済、そして社会システムの変化を背景にしていた。それは民主主義的な社会、加えて消費社会への変化によって出現したデザインである。一言でいえば、二〇世紀のデザインは、近代社会の出現によって提案されたデザインということになる。

そうしたデザインは、一九世紀つまり近代社会の黎明期に準備されたといえる。二〇世紀のデザイン、つまり近代（モダン）デザインは、いくつかの特徴を持っている。

まず第一に、予算だて、つまり「経済的計画」を前提にしたエンジニアリングがすすんだ。また、そのことによる大量生産を前提としたデザインが確立した。

第二に、デザインによって人々の生活様式を新たなものにする提案を行った。

第三に「普遍的＝ユニヴァーサル」あるいは「インターナショナル」なデザインを生み出そうとした。

そして第四に「消費への欲望を喚起する」デザインを実践した。

これ以外にも、二〇世紀のデザインは数多くの特徴を持っているが、ここではここにあげた視点から二〇世紀のデザインを見ていこう。

見積もりのエンジニアリングから量産システムへ

二〇世紀的なデザインは、二〇世紀に始まるというよりは、一九世紀後半に準備されていたといっていい。一九世紀に新たな産業技術をもっとも早く浸透させたのは、産業革命（現在では「産業革命」といういい方は、適切であるかどうかの問題があるが、ここではそれを問わない）を推し進めていたイギリスである。産業革命の完成を示すひとつの成果は、鉄道網が張り巡らされたことにある。ついでながら、二〇世紀末の技術の進展の成果は、電子メディアのネットワークを張り巡らしたことにある。

イギリスの鉄道エンジニアの先駆者として、ロバート・スティーブンソンやイザムバード・キングダム・ブルネルらとともに、ジョセフ・ロックが知られている。なかでもロックは、もっとも影響力を持ったエンジニアであった。というのも、記念碑的な橋やトンネルの建設は残していないが、彼は、「正確な見積もり」の方法を生み出したからだ。

近代以前の権力者たちによる建設計画などでは、工事期間がどれほどの長さになり、支出がどれくらいかさみ、事故などの不測の事態がどれくらい起こるのかなどは、いっさい考慮されていなかった。

それに対して、「経済的に裏付けられた計画」がロックによって実現したのである。実のところエンジニアリングの中でも、もっとも重要なことが、この「経済的計画」であった。鉄道工事にどれだけの時間がかかるのか、何人の労働者が必要なのか、材料その他の原価はどれくらいなのかなどなどの計画を立てる。この経済的エンジニアリングは、結局あらゆる「ものづくり」に反映されていった。そして、二〇世紀のデザインでは、時間や経費をふくむ経済的見積もりがかならず前提にされたことは特徴的であった。

ヘンリー・フォードがT型モデルをコンベア方式によって生産し始めたことは、経済的計画を前提とした生産方式の画期的な革新であり、また大量生産方式のデザインの実現となった。あらゆる部品の規格化と標準化によって実現される大量生産方式のデザインは二〇世紀を特徴づけている。ちなみに、フェルディナント・ポルシェはドイツの量産車フォルクス・ワーゲンを実現するために、一九三六年にアメリカに行き、ヘンリー・フォードに会い、アドヴァイスを求めている。

フォードのT型モデルは、一九〇八年から生産が始まり、ベルト・コンベア方式の生産を導入したのは、一九一四年であった（図11、図12）。彼は、ベルト・コンベアの流れの中に、製品の組立の工程を割付け、そこに計画された労働作業を組み込んでいった。こうした考え方は、やがて工場内のレイアウトやオフィス空間のデザイン、部品の輸送や倉庫の管理システムにまで広がっていった。その結果、部品はどこでつくってもかまわず、最終

図11　フォードT型モデル、1913年

図12　フォードT型モデルのアッセンブリ・ラインの最終出口、1914年

図11、図12ともにArthur J. Pulos, *American Design Ethic: A History of Industrial Design,* MIT Press.

的に部品を集めて完成品を組み立てればいいということになった。生産物が地域に根ざすことがなくなるという状態は、近代的な産業の特徴でもある。農産物が大量の農薬の使用によって、ある程度、どこでも同じような産物として均質化され、また、長時間の輸送に耐えられるようになったことも、同様の特性を示している。

フォードの出現によって、社会全体もまた巨大な生産システムとして組織されたといえるだろう。労働作業を単位に区切り、平均時間に割付けるフォードの方法は社会の時間を決定していった。フォードのシステムは、産業そのものの中に浸透しただけではない。たとえば、作業をライン状に配置したシステムキッチンなど、家庭の中にも浸透していった。

さらにいえば、フォード・システムは、社会全体の巨大な生産システムとそれに対応する労働者の再編を実現しただけではない。社会生活の商品化と、新たな消費システム（消費社会）をつくり出したのである。

一九二七年の生産中止までにおよそ一五〇〇万台以上のT型モデルが市場に送り出された。フォードは、彼の工場で働く労働者をも、また同時にT型モデルの消費者にしたのである。この大量生産と大量消費のシステムこそ、二〇世紀の世界を覆っていったシステムであった。この大量消費は、アメリカ的消費というべきだろう。フォードによるシステムは、単なる生産に関わるシステムである以上に、二〇世紀を支配したシステム＝イデオロギーであったといっていい。

住まいの領域でも、またフォードのシステムが使われた。たとえばウイリアム・レヴィットは、一九四七年、建て売り住宅の生産にフォードの量産システムを導入し、アメリカの郊外住宅を次々に生み出していった。

戦後、アメリカでの持ち家の需要は、量産化住宅の供給によって満たされていった。戦争から帰ってきたヴェテラン（帰還兵）たちに量産化住宅を商品として本格的に供給したのはレヴィットである。レヴィットは量産化住宅による「レヴィット・タウン」を建設した。住宅の量産化は戦時における内燃機関をふくむ兵器の量産技術（内燃機関＝自動車産業の量産技術がモデルになったといっていい）を背景にしていた。

連邦政府は住宅難に対して、ヴェテラン（帰還兵）のために抵当保険に一〇億ドルを供給し、大量の新しい住宅建設計画に効果的な保険とした。また、低コストの公共住宅の建設が要請されたが、政府の本当の狙いは、都市の境界の外側に建てられる戸建て住宅を促進することだった。ロングアイランドからロサンゼルスにいたる建設業者によって大都市に囲まれた起伏する農地は、広大なつまらない平地にされ、まったく同じ箱のように並んだ家が電光のような速さで急造された。……レヴィット・タウンは最初の郊外コミュニティのひとつであり、郊外生活（サバービア）という観念と同じ意味を持つことになった。それは一九四七年、ロングアイランドの六〇〇〇エーカーのジャガイモ畑にウイリアム・レヴィットによって建設された。無名ユニオンの規制、ブローカーの排除、そして自動車の量産ラインの方法を採用することによって、驚くべきことにレヴィットは毎日三六戸の住宅を建てることが可能になった。[1]

レヴィットの量産化住宅は当初はヴェテランに供給することを目的にしていたが、すぐに一般に売られるようになっていった。レヴィットの住宅は、工業的なライン生産によってつくられたが、その外観はけして機械装置のようなものではなく、むしろアメリカの伝統的な「家」のイメージを持つデザインになっていた。

レヴィットの住宅が人気を得たことのひとつの要因に、その外観があるだろう。土地を整備し、いわばセットで売るレヴィットの住宅は日本でいういわゆる建て売りの住宅である。最初のレヴィット・タウンは売り出されると、それを求める人の行列ができるほどだった（図13、図14）。

レヴィットの住宅はやがて家具やテレビなどを組み込んだ、いわばパッケージされたセ

図13　レヴィット・タウンの住宅を求める人々の列

図14　レヴィット・タウンの夜景

図13、図14ともにLesly Davison and Jane Davison, *To Make A House A Home,* RANDOM HOUSE.

ットとして販売されるようになった。まさに工業製品であった。また、レヴィット・タウンの普及は、住宅の生産システムの工業化だけではなく、アメリカのハイウェイの完備によるところが大きかった。資材を運び現地で組み立てるためには整備された道路が必要だったのだ。

ブレット・ハーヴェイが指摘しているように、レヴィット・タウンはアメリカの郊外住宅の代名詞になっていった。したがって、その住宅は他の住宅産業がつくる住宅のモデルにもなった。また、当初はモデルがかぎられていたが、やがてさまざまなモデルがつくられるようになっていった。一九五〇年代に世界ではじめてアメリカは、ひとつの消費が次の消費の要因になるような過剰消費社会を実現する。その時代をトーマス・ハインは「ポピュラックス」の時代と命名している。ハインによれば、五〇年代のはじめには、住宅産業は転換期を迎え、市場の力関係は供給側から買い手の側へと移った。また、朝鮮戦争が終結した五三年頃から住宅は大きくなり、贅沢な装飾がつくようになったとハインは述べている。(2)

デザインによる生活様式の提案

どのような衣服を身につけ、どのような食器や家具などの日用品を使い、どんな住まいに生活するのか。すでにふれたように、近代以前の社会では、これはけして自由に選択することはできなかった。近代以前の社会においては、デザインは複雑な社会的制度（階級や職業など）と結びついており、さまざまな禁制が敷かれていた。このことによって、社会の秩序、システムが保たれていたのである。江戸期では、衣服の素材までが身分によって規制を受けていた。

したがって、生活様式に関わるデザインの制度を破ることは社会のシステムを揺るがすことにほかならなかったといえるだろう。近代以前の生活様式とデザインに対する社会的制度の持つ機能は、ヨーロッパにおいても日本においても共通している。日用品のデザインの変化は機能や装飾、そして技術や生産性の変化を示しているだけではなく、社会のシステムの変化、そして人々の感覚や思考の変容を示している。

ヨーロッパにおいては、フランス革命以降、そして日本では明治維新以降、生活様式とデザインはそれまでの制度から解放されていくことになる。

近代デザインの出発は、誰もが他からの強制を受けることなく、自らの生活様式を決定し、自由にデザインを使うことができるのだ、という前提をひとつの条件にしていた。

すでにふれたように、どのようなデザインのものを手にするのも、経済的に許されるのであれば自由だということになる。つまり、デザインは社会的制度から市場経済のシステムに委ねられたということもできる。

また、他方では、モダンデザイン、そしてとりわけ二〇世紀のデザインは、かつての制度によって規制されていた生活様式とデザインに代わりうる総合的なデザインの原理を示す必要があった。つまり、新しい生活様式とデザインを提案することをテーマにしなければならなかったのである。

このことは、かつてのデザインが長い時間をかけて生活の中からしだいに生み出されてきたのに対して、まったく逆に、新たなデザインを提案することによって新しい生活を実現しようとすることにほかならなかった。モダンデザイン、そして二〇世紀のデザインは、生活様式変革のプロジェクトとして展開されたといえるだろう。

二〇世紀のデザインへとつながる、一九世紀のイギリスのウイリアム・モリスのデザイン。それと少なからず関連するバウハウスのデザインも、第一次大戦の敗戦後のドイツにおいて、新たな生活様式をデザインによって提案しようとしていたのである。また、たとえば、「ダイマクション、Dymaxion」（dynamic, maximum, ion　ダイナミック、マキシマム、イオンの合成語）の名称を使ったことで知られるバックミンスター・フラーは、シカゴのマーシャル・フィールズ百貨店で一九二九年に「ダイマクション（ウィチタ）・ハウス」モデルを展示しているが、これもまた新たな生活様式の提案と見ていい。百貨店は、新たな生活様式の提案として、当初バウハウスの製品を展示しようとしたのだが、それがアメリカのものではないということで、フラーにアメリカの新生活様式のデザインの可能性を求めたのである。二〇世紀のデザインの多くは、人々の生活様式への提案であった。

もちろん、アメリカの第一世代のレイモンド・ローウイや第二世代のチャールズ・イームズたちによるデザインもまた新しい生活様式の提案であったといえる。

デザインの普遍性・インターナショナリズム

「普遍性（ユニヴァーサリズム）」や「インターナショナル」なものを実現しようとしたこともまた二〇世紀のデザインに特徴的なことだ。

たとえば、ニューヨークのマンハッタンのグリッド計画は、古代都市のグリッド計画と似てはいるが、それはまったく異なったものである。マンハッタンのグリッドは都市に特権的な区域をつくることなく、どこの場所も同じ価値にするという均質空間を構成しようとする考え方を反映している。

また、ナチスの力から逃れるためにドイツからアメリカに移った、バウハウス最後の校長・建築家のミース・ファン・デル・ローエは、箱状のユニット化された均質空間を基本にしてそれを横に連続させ、縦に積み重ねていく「ユニヴァーサル・スペース」（普遍空間）という概念を提案している。横にも縦にも箱状のスペースが連続していくというものだ。

ミースのユニヴァーサル・スペースという考え方は、多くのバウハウスのデザイナーに共有された考え方だった。たとえば、バウハウスの初代校長ヴァルター・グロピウスの積み木型の住宅の提案、あるいはマルセル・ブロイヤーのユニット・システムの家具の提案にも共通したものを見ることができる。ユニヴァーサル・スペースという概念は二〇世紀の建築、デザインに支配的なものとなっていった。

バウハウスに代表される二〇世紀のモダンデザインは、地域性や民族性や宗教などのヴァナキュラーな条件に原理を求めるのではなく、機能や構造などの人工的な概念によって普遍的（ユニヴァーサル）なデザインを実現しようとした。普遍的であるということは、ヨーロッパであれアメリカであれアジアであれ、適応するはずだと考えられる。つまり、インターナショナルなデザインといういい方もできる。実際、一九二〇年代から三〇年代にかけてのモダニズムは、インターナショナル・スタイルとも呼ばれた。また、その普遍的なデザインは、貧困やスラムのような都市の病理を救済するはずであった。しかし、結果としては、二〇世紀の貧困はますます増大していった。二一世紀のいまもそれは解決できていない。

さきにふれたように、ミースをはじめ、バウハウスのデザイナーたちが、住宅の屋根を陸屋根にし、箱形にしたことも、ユニヴァーサルな箱による積層を意味している。と同時に、たとえば切妻《きりづま》のような屋根を切り取ってしまい箱形にすることで、地域性を持たない抽象的なデザイン（インターナショナルなデザイン）にすることができると考えたのである。というのも、屋根の形状が地域性を示しているからだ。ちなみに、日本、韓国、中国の住宅は似ているが、屋根の反りの形状にその違いが見られる（図15、図16）。

同じことはグラフィック・デザインについてもいえる。たとえば文字のデザインについていえば、ハーバート・バイヤーは、一九二五年、バウハウスで「ユニヴァーサル・タイプ」と名づけた文字（アルファベット）をデザインしている（図17）。普遍と名づけたこのアルファベットは、大文字をなくし、すべて小文字にしている。つまり、タイプライターに組み込むにしても、シフトキーを押す必要がなく、文字組みは簡素になるというわけだ。そして、セリフ（髭飾り）を取り去ったサンセリフ体にデザインされている。セリフの形状がイタリアやフランスなどの地域性を暗示するからだ。ちなみに、漢字文化圏でも、日本の書体と中国の書体には、それぞれの地域性が現れていることが一目でわかる。バウハウスでは、地域性を超えた普遍的でインターナショナルなタイポグラフィの構成を望んだのである。

図15　バウハウス教員住宅の外観。陸屋根（フラット・ルーフ）が特徴的

図16　バウハウス教員住宅の室内。マルセル・ブロイヤーのワシリーチェアが置かれている

図17　ハーバート・バイヤーによるユニヴァーサル・アルファベットのデザイン（1925年）
Philip B. Meggs, *A HISTORY OF GRAPHIC DESIGN*, VIKING.

そうした考え方は、スイスのデザイナー、アドリアン・フルティガーによって、一九五〇年代になってデザインされたユニヴァースという書体へとつながっていく。さらに、五七年、スイスの活字鋳造所のエドゥアード・ホフマンは、デザイナーのマックス・ミーディンガーと協働し、ノイエ・ハース・グロテスク体をつくった。この書体は、一九六一年には「ヘルベティカ」と命名される。この書体もまた、「ユニヴァース」と同様インターナショナルな、あるいはユニヴァーサルな印象を与える書体として使われることになる。現在でも、ヘルベティカの書体で書かれた文章は、ニュートラルでリベラルな印象を与えると考えられている。

デザインのユニヴァーサリズムは、大量生産・大量消費と相互に関連して、産業社会ではたしかに、「誰もが等しく」という社会をある程度実現したといえるだろう。

消費への欲望を喚起するデザイン

二〇世紀は、生産方法から市場のあり方まで、機械技術を背景にして社会のシステムが大きく変化していった。つまり、技術や市場のシステムを背景としつつ、新たな生活のあり方、行為のあり方を提案することが二〇世紀のモダンデザインの実践となっていった。したがって、技術、生産システム、マーケット、使用（生活）といった複合化された要件がデザインを成立させることになった。

そうした中で、とりわけ二〇世紀後半は、マーケットの論理によってデザインが実践された面が強い。「マーケット」（市場）というのは、大昔から存在するけれど、二〇世紀に広がった市場は、「大量消費」を目指す歴史的に例のない市場だ。消費社会の拡大である。こうした市場では、本当に「使用」のための有効性を持ったデザインよりも、購入する欲望をかき立てるデザインが優先され始める。

したがって、実際の生活の中で使えるものなのか、生活をより快適にするものなのかというテーマは、理由づけとしては使うのだが、むしろ、いかに交換（市場活動）を活性化させるかということそのものが、目的化されていく。「マーケティング」は、市場を人工的に組織するための実践的活動として二〇世紀に出現した。この活動もまた二〇世紀を特徴づけるものとなった。ついでながら、それは「大衆」をテーマにしていることにおいては、社会学や経済学そのほか二〇世紀の学問と共通している。

デザインは、あるときから、市場の価値を生む技術として捉えられ、マーケティングと分かちがたい実践をし始めた。もちろん、本来、マーケティングとデザインは別ものである。しかし、マーケティングによってデザインが決定されるという現象が二〇世紀末には、きわめて強くなり、人々の消費への欲望がテーマになってしまった。その結果、ひとつの消費が次の消費への契機となり、使い捨てられるデザイン、スクラップ・アンド・ビルドのデザインが広がった。

積み残した課題

ところで、二一世紀の現在、デザインはどういう方向へ動き始めたのだろうか。二〇世紀の技術によって、わたしたちの生活は、誰もが豊かで健康な、そして安全なものとなるはずであった。たしかに、少なからぬ人がその恩恵に浴している。しかし、技術が肥大化する中で、かならずしも豊かで健康で安全な環境ばかりが実現したわけではない。地球温暖化は、おそらくわたしたちの生活にいずれ大きなダメージを与えるだろう。食品や日用品に使われている薬品や化学物質は、わたしたちの健康に被害を与えている。

二〇世紀のデザインは、今日のわたしたちの生活用品あるいはシステムの基本や原型となるものを生み出してきた。たとえば、ラクソ製図用ライト、ライカM3、タッパーウェア、多くの椅子類、あるいはアップル・コンピュータなど、いずれも現在の生活用品の原型として、わたしたちの生活を変化させてきた。

しかし他方では、二〇世紀のデザインは、わたしたちに豊かで健康かつ安全な生活を与えたとばかりはいえない。スクラップ・アンド・ビルドのデザインは、消費社会の市場を活性化させているが、それは廃棄物を増大させ、またエネルギー消費を増大させ続けている。また、世界的に見れば、九〇パーセントの人々が貧困に苦しんでいる。そうした人々のためのデザインを提案することが、二〇世紀デザインのひとつのテーマであったはずであるが、それが久しく忘れられてきた。

低コストだと主張されてきた原子力発電は、設備そのもののコストも膨大であるが、廃棄物の処理に法外なコストがかかる。さらには、事故や故障がまったく起こらないということはありえない。フランスの思想家ポール・ヴィリリオが指摘しているように、機械装置は、かならず故障と事故がつきものである。そして、原発に事故や故障が起こったときには、通常の市場経済では考えられないほどのコストと健康被害を生むことになる。その危険性については、一九七〇年代には、高木仁三郎らによって決定的な意見が数多く述べられていた。そして残念なことに、二〇一一年三月一一日に福島第一原発で予言どおりの事故が起こってしまった。

現代の科学技術をわたしたちの生活を本来の意味で安全で豊かなものにするための技術として利用するために、デザインは処方を出すべき状況にある。実際、現在、そうしたデザインの提案が始まっているところだ。

具体的にいえば、過剰消費を目指す市場原理によらないデザインを実現するという、いわばオルタナティブなデザインが実践され始めている。

MIT（マサチューセッツ工科大学）のメディア・ラボの所長として知られたニコラス・ネグロポンティによる「一〇〇ドル・ラップトップ」のプロジェクトは、リナックスなどのオープンソースを使い、廉価のコンピュータを第三世界の子どもたちに供給し、それによって遠隔地教育を実現するというものだ。これは、一九八〇年代にコロンビアやコスタリカなどで始まったテレコミュニケーションのプロジェクト「Wi-Fi and WiMAX」が契機となり、子ども一人に一台のラップトップを、というプロジェクトとなっている。

市場原理とは関わりなく、ソフトや装置をデザインする。こうした動きは、二〇世紀末から現在にかけて少しずつ出ている。インターネットの「ウィキペディア」や、バングラディシュのムハマド・ユヌスの考案した新しい銀行システムなど、現在のところソフトが多いけれど、かならず道具や装置のデザインにもこうしたオルタナティヴなものが現れてくるはずである。

（1） Brett Harvey, *THE FIFTIES : A Women's Oral History*, Harper Perennial, 1993.
（2） Thomas Hine, *Populuxe*, Knopf, 1986.

第3章　心地良さについて

図18　ヴィクトリア・アンド・アルバート・ミュージアム（V&A）外観

生活を豊かにする

一九世紀に始まるモダンデザインは、いずれにせよ、豊かで健康な生活様式を提案してきた。

してみれば、ヴィクトリア・アンド・アルバート・ミュージアム（V&A）（図18）やニューヨーク近代美術館（MoMA）などのモダンデザインの歴史的コレクションは、人々の生活を「豊か」なものにしてきたデザインの歴史的な事例だといえるだろうか。

この問いかけに答えることは、なかなか難しい。というのも、それらが本当に功を奏したかどうかはにわかに判断がつかないからだ。

しかし、あえていえば、美術館にコレクションされているデザインは、たしかに人々の生活を少なからず豊かにしようとしてデザインされてきたものだ。これらは、デザインをした人々（デザイナー）からの「豊かさ」の提案であり、彼らは、けして生活を貧しくしようなどと意図していなかったはずだからだ。

「生活を豊かにするデザイン」というとき、それでは「豊かな生活」とはいったいどんな生活なのかという問いが生ずる。椅子やテーブルや食器などのデザインが暮らしを経済的に豊かにするとは誰も思わない。したがって、この「豊かさ」は、メンタルな豊かさということになる。その「豊かさ」は「心地良さ」と言い換えることもできる。

「心地良い」生活を支えるデザインとはどんなデザインなのか。そうしたデザインは、すでにふれたように、時代の技術、時代の素材、経済的計画などのほかに、新たな生活様式の提案や社会的要請、さらには美意識をふくめた感覚的な要素、また市場的な条件などを考慮したものの中から出現してくるといえるだろう。

デザインを成立させている条件について、複雑な要素によっているモダンデザインではなく、もう少し素朴な状況の中で考えてみるとわかりやすいかもしれない。

わたしたちには「心地原則」というものがあるように思える。たとえば、どれほど狭いテント暮らしであっても、そこを少しでも快適にしたいという欲が誰にでもあるはずだ。

山に登って、お弁当を食べるときにも、木陰を探し、座りやすい石や倒木があればそれに腰かける。わずかでも居心地の良さを求める。これが「心地原則」である。この原則が、わたしたちの生活のあり方を少しずつ変化させる可能性を持っている。

大昔、わたしたちは雨風を避けるために、洞穴を探したかもしれない。日本の民家の原型といわれる竪穴式住居は、植物によって雨風を防ぐ屋根と囲いを設けている。住居をつくるこうした作業は、どれも「心地原則」を背景にしている。つまり、自ら手にすることのできるテクノロジーや素材、あるいは経済的な条件の中で、できるだけ心地良いものや装置を考案（デザイン）する。これはわたしたちの心地良さを求めるいわば原則のようなものだ。

したがって、MoMAなどデザインを収集している美術館の多くが所蔵しているさまざまなものもまた、多様な「心地原則」に依拠して実現しようとしたデザイン（提案）の事例だといえるだろう。もちろん、それらは使い手ではなく、送り手つまりデザイナーたちが考える「心地原則」の見本である。言い換えれば、デザイナーたちが「生活を豊かにする」ことを目指してデザインしたものなのだ。

生活に秩序を与える

わたしたちの生活を心地良くするものは、技術や素材あるいは経済的条件ばかりではない。そうした条件をふくめて、おそらく「趣味」や「美意識」に関わっているはずだ。そして、デザインは趣味と美意識と深く関わっている。すでにふれたように、趣味や美意識は「秩序」ということと深く関わっている。たとえば、その「秩序」のひとつの表れは、「装飾」である。日常の暮らしの中で使う道具や衣服や家具などを、わたしたちは古くから装飾してきた。装飾は、道具や衣服や家具などに、あるときは親しみや使う楽しみを与え、またあるときは神聖な雰囲気を与えてきた。人類は装飾することに多くの精力を傾けてきた。装飾は人類を特徴づけるもののひとつだといえる。たとえば、V&Aが「装飾美術」をデザインとして収集したことは、装飾がわたしたち人間の根源的な行為のひとつとしてあるからだ。

いずれにしても、デザインは、わたしたちの生活に、秩序を与え、また親しみや使う楽しみを与えてきた。美術館にコレクションされたデザインは、その具体的な事例である。

繰り返すが、美術館にコレクションされたものは、使い手つまりわたしたち生活者ではなく、送り手つまりデザイナーたちが考えた「心地原則」の見本である。そこに、わたしたちは、デザイナーたちが、何を「心地良い」と考えたのかを見ることができる。したがって、それは、時として、わたしたちにとってかならずしも「心地良い」ものとはかぎらない。しかし、美術館のコレクションからは、さまざまなデザイナーの思考（提案）を歴史的な流れにしたがって見ることができる。

とりあえずのデザイン

二〇世紀以降の日用品は、短命なものが多くなった。社会学者のジャン・ボードリヤールは、かつては、ものよりも人間のほうが短命であったが、現代社会においては、ものが人間より短命になってしまったと述べている。「今日、われわれはモノが生まれ完成して死滅する過程を目にしているが、これまでのいかなる文明の場合でも、人間の世代の後に生き残ったのはモノの方」[1]だ。

ものと人間、あるいはものと生活ということでいうなら、もののあるべき寿命をまっとうさせるということが、心おだやかに感じられるのは、わたしたちの「保守性」ゆえだろうか。生命については、生物はそれを守ろうとする保守性を持っている。

したがって、いずれ使い切ってしまう鉛筆やティッシュ・ペーパーといった消耗品ですら、その寿命をまっとうするためのデザインであったほうが「心地良い」はずだ。家具や食器であれば、その命はボードリヤールが指摘しているように、わたしたちの命より長い。そうしたものを、自分の命より長く使う（世代を超えて使う）ことは、たぶん気持ち良く感じられるはずだ。それもまた、わたしたちの感覚の保守性によっているように思える。

そうした生活者の潜在意識に反して、デザイナーの側に、ほんのわずかでも、「とりあえず」使うものをデザインしているのだという意識があるかぎり、それがどれほど小綺麗にデザインされていても、その根底に、それを使う人々の暮らしを軽んずる気持ちがあるということになる。その「とりあえず」の感覚をわずかでも底上げするにしても、「とりあえず」であることには変わりない。

つまり「大衆の人生はとりあえず感覚でしかない」、少しそれを小綺麗にしてあげようというデザインになる。二〇世紀のデザインの歴史を振り返ってみると、そんな「とりあえず感覚」は、消費社会の中からしか生まれてこなかったものだといえる。少し、いい方を換えると、「とりあえず」の生活とは、きわめて消費社会にふさわしい生き方だといえる。その「とりあえず」の感覚は、さきにふれたボードリヤールがいう「ものの死滅」に深く関わっている。

マーケット原理を背景にしている環境では、そうしたデザインを一概に否定することはできないが、どれほど些細なものでも、「とりあえず」ではなくデザインされているもののほうが、心地良い、つまり生活を豊かにしてくれる。これは、ものの寿命をまっとうさせようとする使用者、生活者の感覚や意識から出てくるものだ。

ボードリヤールのいう「ものの死滅」は、二〇世紀後半のマーケティング的な社会を対象にしているが、彼は、ベンヤミンがものの廃棄に目を向けたことを参照していたのではないかと思える。ベンヤミンは、マーケティングが社会を覆う以前の一九世紀の技術変化に目を向けている。

「一九世紀においては、技術の進歩によって、使用価値を持った品物が次々と通用しなくなってしまうので、意味を失って『空洞化』した事物の数がこれまで知られなかった規模と速度で増大している[2]」

「とりあえず」感覚とは別に、たしかに、技術の変化で、ものは廃棄されてしまう。典型的な例は、ペトロスキが指摘しているようにコダックのスライドプロジェクタかもしれない。コダックのスライドプロジェクタ「カルーセル」は、最終的にはきわめて洗練された装置になったが、パソコンを使った「パワーポイント」の出現によって、消えていった。また、技術革新は、わたしたちの感覚の「保守性」を打ち破っていくともいえる。

こうした技術の変化とは異なって、人工的に市場を形成するマーケティングによるものの廃棄は、より過激であり、それはまさに「とりあえず」感覚を肯定するところから出ている。

ベンヤミンは、廃棄されたものを「ボロ」あるいは「屑」として、そこに「歴史」を読みとろうとしていた。

ものの扱い

わたしたちの生活の中にものが入り込んできて、あふれていったのは、一九六〇年代後半から一九七〇年代頃のことだった。もの（物質）が豊かになって、他方では感覚が乾いて貧しいものとなったといった意味の発言をよく耳にするようになったのもその頃のことだ。ものが豊かになることによって、意識や感覚が貧しくなったかどうかはわからないが、意識や感覚が変化したことは、たしかに事実である。だからといって、ものそれ自体を批判してみても、あまり多くの意味を得られないように思える。

むしろものの扱い方に、人それぞれの生活の仕方が現れるということに目を向けるほうが、有意義であるように思える。ものをぞんざいに扱い、すぐに破損したり捨てたりする人もいれば、細やかに大切に扱う人もいる。ものの扱い方に、それぞれの生活の仕方とともに人柄が映し出される。ものの扱い方が生活の仕方と関わっているとすれば、ものこそわたしたちの生活そのものを映し出しているともいえるだろう。さらには、ものの扱い方もデザイン的な行為だというべきだろう。

ものは、わたしたちの意識や感覚と切り離せない存在だといえる。極端ないい方をすれば、ものは人々の分身でもある。親しい人が亡くなったときに、その人の持ち物をそうやすやすとは捨てがたいものだ。「形見」といういい方もする。

自身の暮らしの中で使っているものも、もちろんそう容易には捨てられない。家具などが壊れれば、修理して使う。修理することを「繕う」ともいう。「つくろう」は「つくらふ」であり、古くは「つくる・作る」と同義である。また、「繕」という文字が「糸」と「善」で構成されていることも興味深い。

ものを手入れすることは、また暮らしを心地良くする作業にほかならない。と同時に、自分たちの分身であるものを丁寧に扱うことは、自身をも丁寧に扱うことであり、丁寧な生活を実現することでもある。

家は、つくられたときに完成するものではない。そこで生活する人々が、日々、自らの生活のために変化させていく。家具や什器も同様である。その置き方や使い方を生活に馴染ませていく。したがってそれらは、「生きられた家」「生きられたもの」なのである。そして、わたしたちは、住まいやものを、より心地良いものにしていこうとする。

日常の実践あるいは受け手のデザイン

たとえば、手紙を書こうとして筆記具を手にするときも、その好みは人それぞれだが、ペンや鉛筆の微妙な書き心地や重量を気にして、筆記具を選ぶ。したがって、デザインの送り手（デザイナー）の側からの提案だけではなく、受け手（使用者）による「心地良さ」に関わるものの選択やものの使い方、扱い方があるはずだ。根源的には、ものの選択もまたデザイン行為だといえるだろう。

わたしたちは既存の住まいや家具に囲まれてはいても、日々使う食器や家具などの什器を組み合わせる。壁に写真や絵を飾る、花器には季節の花を入れて楽しむ。たまたま拾った石などを窓辺に置いたりする。それが、そこに暮らす人や家族の姿、そして「生活」を表してもいる。

また、手のとどかないところにある本棚の本をとるために、椅子の上に乗る。座るための道具が、踏み台として機能する。ペトロスキは、こうしたことが、すでにデザインなのだと指摘している。こうしたことは、デザイナーがつくり出したデザインではない。生活者自らが生活の中で生み出すデザインといえる。それは、さらにデザインを考えるための豊かな手がかりを与えてくれる。

少々、奇妙なタイトルだが『囚人の発明』[3]という小さな本がある。内容を読むと、「囚人の工夫」といったほうがいいだろう。たとえば、手頃な大きさの段ボール箱が手に入れば、それを壁に貼り付けると飾り棚になり、そこには家族の写真などを飾るというのだ(図19)。監獄のような親和性の希薄な部屋に、不幸にして住まう人も、粗末ながらも飾り棚をつくり何かを飾ろうとする。監獄もまた「生きられた空間」になるのである。

画家のヴァン・ゴッホは晩年にサン・レミの病院で過ごしている。ゴッホは、その病室の風景を描いている。広い廊下の両脇はカーテンで仕切られ、患者たちのベッドが並んでいる。ベッドの周囲には、患者たちの私物が飾られているようには見えない。その病室は独房のように閉ざされた部屋ではないが、「住まい」のような雰囲気はない。とても悲しげな室内である。そんな室内風景は、それを描いたゴッホの気分を映し出しているのかもしれない。病室こそ、居心地の良い室内にするべきだろう。精神科医の中井久夫は、室内の重要性についてたびたび言及している。

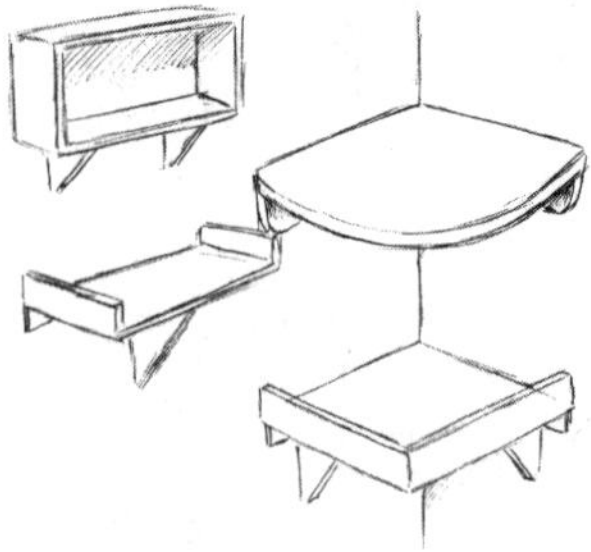

図19　囚人が独房につくった段ボール製の棚　Angelo, *PRISONERS' INVENTIONS*, whitewalls.

「病棟の力には非常に大きなものがあると思います。エスキロールの時代から、病棟は最大唯一の治療道具であるといわれています。……私がデザインした病院はホテルの玄関と同じにしまして、二重のガラス戸の向こうで看護師さんが働いている姿が見えるようになっております(4)」

何もない殺風景な部屋に暮らすのは、まさに独房や悲しげな病室暮らしのようで暗澹たる気分になる。きっと誰もが、自分の部屋の壁に、絵や雑誌からの切り抜きや写真を飾ったりしているはずだ。そうすることで、居心地ははるかに良くなるはずだ。「生きられた家」「生きられたもの」とはそうすることで実現されていくのである。

「生きられた家」「生きられたもの」は、ミシェル・ド・セルトーがいう「日常的実践(5)」に近いかもしれない。セルトーは、「日常的実践」とは「消費者が押しつけられたものを自分のものにつくりかえてゆく実践」なのだという。あるいは、「合理化され、拡張主義的で、中央集権的で、見世物的で、騒々しい生産にたいして、まったく別のタイプのもうひとつの生産が対抗しているのである。『消費』と形容されている生産が。こちらのほうの生産の特徴は、それならではの狡智にたけ、機をみて風のように姿を消し、密猟が得意で、闇にもぐり、いつもいつも低くつぶやいている。……それというのもこの生産は、固有の生産物で自分をあらわすことはめったになく……自分に押しつけられたものを利用する技をとおして姿をあらわすからだ」という。それが「日常的実践」である。これはおとなだけでなく子どもでも実践している。「子どもならせめても落書きができるし、学校の教科書を汚すこともできる。そんないたずらをして罰せられたとしても、子どもは自分のためのある空間をつくり、そこに作者としての自分の署名をしるす」のだとセルトーは指摘する。

それは、生きられた痕跡（署名）だともいえるだろう。だから、人々がどのように暮らしたのか、その痕跡としてある住まいや室内を見ることは興味深い。それは、生活者つまり受け手のデザインである。

住まい（家）という実践

そうした住まいの例をあげておこう。ひとつは、アメリカの女性の画家ジョージア・オキーフの住まいである。彼女は、一九四〇年代に、ニューメキシコのゴーストランチにあった家を手に入れた。けれども、その近くにあるアビキューの家が彼女の本当にほしかった家だった。その家は近所の教会の管理となっていたのだが、それを四五年に彼女は譲り受けることになる。写真家の夫アルフレッド・スティーグリッツが亡くなると、彼女は九八歳で亡くなるまで、ここで生活することになった。

そのアビキューの住まいは、マイロン・ウッドによって撮影され、『オキーフの家』という写真集として刊行されている。この写真集を見たときに、わたしは、その美しさにひ

図20　プエブロ・インディアンの集落タオス

きつけられた。そして、サンタフェからクルマで二、三時間ほどの場所に現在も残されているというオキーフの家を実際に見に行った。

残念なことに、現在、その住まいの管理者の意向で写真撮影は禁止されている。また、見学許可も基準はなく、運が良ければ見学可能という状態になっている。そして、何とか運良く、それを見ることができたというしだいであった。いずれ、こうした管理方法はあらたまるのではないかと思う。

この地域はプエブロ・インディアンの集落で、アビキューの近くにあるタオスは、一〇〇〇年ほど以前から形成されていた集落といわれ、世界遺産に指定されている（図20）。その集落の住居のつくり方は、サンタフェを中心とした周辺の住居の典型的なものとなっている。

ついでながら、タオスにかぎらずどこの地域でも、伝統的には、周辺で手に入る素材を使って住宅をつくっている。日本の茅葺き木造の家も同様だ。

タオスの集落は、近辺のアドビーと呼ばれる赤土でつくった日干し煉瓦を積み重ね、その上にやはり同じ泥で塗り固めてつくられている。床は、同じ泥に山羊や羊の血を混ぜて固める。おそらく血液を混ぜることで、しっかりと凝固するのだろう。

住居は赤みを帯びた黄土色で、近辺の荒野の風景と調和してとけ込み、とても美しいものだ。その点は、人工的な新建材でつくられる現在の日本の住まいとは異なっている。アドビーでつくられた住まいは、鋭いエッジの現代の建築とは異なり、どこも緩やかな丸みを持っている。また壁が厚く開口部が小さい。寒暖の差が激しい地域なので、恐ろしい暑さと絶望的な寒さをやり過ごすには、厚い壁が必要だったのだろう。

オキーフが生活したアビキューの住まいも、アドビーによる建築である。その建築を手に入れたオキーフは、それを改造し、さまざまなものを持ち込み、実に居心地の良いものにしたのである（図21〜23）。

たとえば、伝統的なアドビー建築の小さな開口部を広げ、大きなガラスを入れ、広大な荒野の風景をパノラマのように取りこんでいる。寝室の窓も大きく広げ、壁を取り除いたため、金属の柱を構造材として加えている。

図21　ジョージア・オキーフの住まいの外観

図22　オキーフの住まいの庭

図23　オキーフ邸の室内
マイロン・ウッド写真、クリスティン・テイラー・パッテン文『オキーフの家』江國香織訳、メディアファクトリー、2003年。

家具は、素朴な手づくりのもの、そしてチャールズ・イームズやエーロ・サーリネンといった第二世代のデザイナーによるものが置かれている。イサム・ノグチによる照明器具も使われている。伝統的な建築をモダンに改装し、家具もモダンなものを好んでいたことがわかる。

庭で育てたハーブを入れた大きなガラスの容器や、乾燥した大地で行き倒れた牛やエルク、そしてガラガラ蛇の白骨や石ころが室内を飾っている。わずかな緑が点在する近辺の大地には珪素をふくんだ石灰岩や石英がころがっているのだろう。近辺のチャマ川のあたりで、オキーフが拾い集めた無数の石には、そうしたものが見られる。

オキーフが、自らの生活を大切にし、慈しんでいたことが、そうした室内から伝わってくる。また、荒野の生活こそが彼女の絵画表現になっていたことが、その住まいから理解することができる。さらにはその住まいこそ、彼女のもうひとつのすぐれた作品だと思えるのである。オキーフの生きた痕跡が消えずに残されている。彼女にとっての「居心地の良さ」とは何かを具体的なものによって理解することができる。

オキーフにかぎらず、誰もが、それなりに住まいを少しでも自らの心地良いものへとすべく手を入れている。まさに、住まいは生きられているのである。

生活を切りつめるデザイン

久しい以前から、日本では、建築家やインテリアデザイナーが、「狭小住宅」を多くデザインしている。一九五〇年代にも、当時の住宅不足の状況を背景に「最小限住宅」のアイデアが数多く提案された。住宅を最小限に切りつめることは、経済的理由によっている。けれどもそれは同時に、住宅やものの機能に関わる少なからぬ実験性をふくんでいる。

広い空間が心地良いこともあるが、逆に狭いからこそ親和的で心地良いということもある。わたしたちの生活空間はどのくらいまで切りつめ、しかし十全なものとできるだろうか。最小限の空間で、しかも心地良いものとする。住まいについてのこうした問いは、きわめて二〇世紀的あるいは現代的なものだといえるだろう。最小限の要素で最大限の効果を上げることを、二〇世紀のデザインはたびたび自らの課題としてきた。「最小限住宅」のデザインは、そうした問いをふくんでいる。

ドイツにおける一九二〇年代の集合住宅、五〇年代につくられたわずか建坪九坪の増沢洵《まこと》自邸、あるいは池辺陽《きよし》の「ナンバー住宅」、すでにふれたが、フラーによる二〇年代から四〇年代にかけての「ダイマクション・ハウス」など、いずれも「最小限住宅」は試みとしてあった。極限的条件設定は、新たなデザインの可能性を生み出す力を促進するとい

図24　カバノン外観。ル・コルビュジエが窓から顔を見せている

Le Corbusier *L'interno del Cabanon Le Corbusier 1952-Cassina 2006,* a curadi Filippo Alison, Triennale Electa.

っていいだろう。

ル・コルビュジエのカバノン

ル・コルビュジエもまた、最小限住宅を試みている。「休暇小屋・カバノン(Cabanon)」である(図24)。カップ・マルタン(マルタン岬)に一九五二年に完成した、まさに小屋(カバノン)というにふさわしい三六六センチ×三六六センチ正方の住まいだ。高さは二二六センチ。日本風にいえば、二間×二間の四坪、つまり八畳ひと間の住まいである。外観は、まるで丸太小屋のように見えるのだが、丸太は外壁に貼り付けただけで、プレハブ工法によってつくられている。内装壁は合板によっている。

ル・コルビュジエはこの小屋を「わたしの城⑥」といっており、愛着を持っていた。ル・コルビュジエは、一九五二年に写真家のブラッサイのインタビューに対して「わたしの休暇小屋の住み心地は最高だ、きっとここで一生を終えることになるだろう⑦」と話したという。実際、六五年、彼は小屋の前に広がる地中海の海岸で遊泳中に急死し、その予言どおり、「終《つい》の棲家《すみか》」になってしまった。

カバノンは、マルタン岬のあまり人が訪れることのない場所につくられた。そんな場所にル・コルビュジエが小屋をつくることの動機づけとなったのは、彼の友人であったジャン・バドヴィッチとアイリーン・グレイの夏の家「E.1027」である。Eはアイリーンの頭文字、数字の10はアルファベット一〇番目のジャンのJ、2はバドヴィッチのB、7はグレイのGである。つまり彼らふたりの名前を表している。「E.1027」は一九二六年から二九年にかけてグレイによって設計、建設された。この住まいは、その後、ル・コルビュジエのカバノンが建てられることになる場所の目の前にある。カバノンからわずかに下の海岸寄りの場所に建っている。

一九三〇年代から、ル・コルビュジエは、「E.1027」をたびたび訪れており、この場所が気に入っていた。また、彼の夫人の出身地が、ここからさほど遠くない場所だったことも、彼がこの場所を気に入った要因のひとつとなっているだろう。

「E.1027」について、「家の内外のすべての組織が語りかけてくる、そしてモダンな家具に――内装に――かくも威厳ある魅力的で生気にあふれた形態を与えている、このまれなる精神を、きみの家でこの数日を過ごしたことによって味わうことができたと、きみにぜひとも伝えたい」という手紙をル・コルビュジエはグレイに書き送っている。[8] しかし、一九三八年、ル・コルビュジエは、「E.1027」の壁にグレイの許可もなく、八点の絵（落書き）を描き、グレイを激怒させることになる。

ともあれ、ル・コルビュジエは、「E.1027」に対して、あるいはグレイに対して、何かしら思い入れや感情が働いたのだろう。結局、そのすぐそばに「カバノン」をつくったのである。

ついでながら、「E.1027」の顚末であるが、一九五六年にバドヴィッチが亡くなり、スイスの建築家マリー＝ルイーズ・シェルベールが購入することになる。

家具のような室内

カバノンは、わずか八畳ほどに、つまり極限的に切りつめられた住まいだ。しかし十全な心地良さを実現すべく細部にわたってデザインがなされている。

ミラノでは毎年、サローネと呼ばれる家具フェアが開催される。ファッションでいえば、パリ・コレクションのような市場的役割を担っている。その二〇〇六年の会場で、カバノンがそのまま複製再現（復元）されて展示された。

この展示カタログには、再現されたカバノンの詳細な展開図と平面図が収録されている（図25、図26）。その再現・平面図には、ベッド一台、サイドテーブル、ワードローブ一台、洗面器つき棚、本棚、テーブル、箱型スツール二本、そしてフック（ペグ）のついたパネルとトイレが示されている。これだけである。

つまり、わずか八畳ほどの空間を家具で構成しているといっていい。キッチンと風呂は

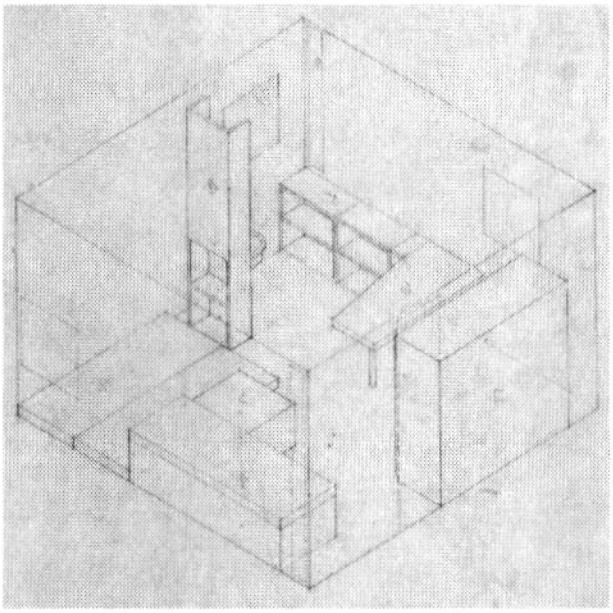

図25　アクソメ（不等角投影）によるカバノンの内部

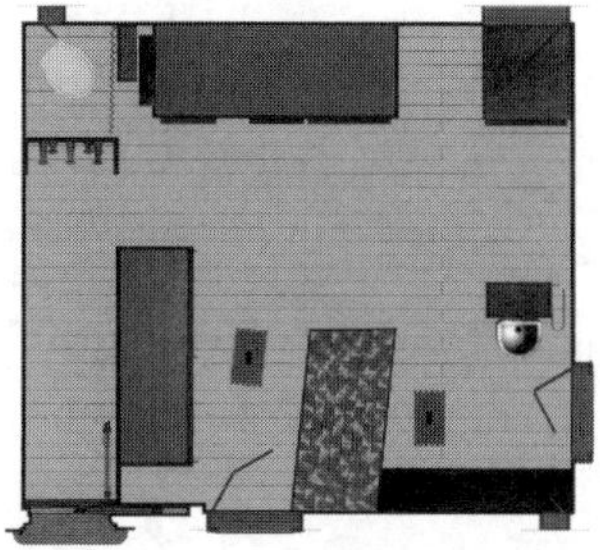

図26　カバノンの平面図、家具配置図

図25、図26ともにLe Corbusier *L'interno del Cabanon Le Corbusier 1952- Cassina 2006,* a curadi Filippo Alison, Triennale Electa.

ない。カバノンをつくるにあたって、ル・コルビュジエは、その土地を「ひとで軒」というレストランから借り受けた。したがってカバノンは「ひとで軒」に隣接しており、食事はレストランを利用するということでキッチンはつくられなかった。

そして風呂は小屋外部のシャワーを利用することを前提にカバノンの室内には設置していない。とはいえ、ル・コルビュジエが衛生装置を無視していたわけではない。彼は本来、住居は衛生装置を中心にすべきことを提案していた。しかしカバノンにおいては、外部のシャワーと室内の洗面器で十全としたのである。

復元された室内には、ベッドが一台になっている。一人住まいを前提にしていることになる。しかし、オリジナルの図面を見ると、ベッドは、サイドテーブルを挟んで、二台が九〇度に直交するようにレイアウトされている。つまり、夫婦ふたりのための小屋であったことがわかる。また、一台のベッドは、ほとんど日本の畳のように床からわずかに立ち上がっている程度の高さになっている。最初のエスキース（スケッチ）ではふたつ目のベッドはメインのベッドと同じ大きさだが、やがてそれをふたつ並べた広さに描いている。

カバノンは、これらの家具を入れ込んだキューブということになる。そのキューブは、ル・コルビュジエの人体を基準とした寸法システム「モデュロール」（第1章参照）によって決定されている。基準身長を一八三センチとする。したがって、この小屋の縦横の寸法の三六六センチは、その二倍の寸法によっている。そして、人体のへそまでの寸法が一一三センチとされ、手を伸ばした寸法がその倍の二二六センチとされている。この寸法はカバノンの天井高の寸法となっている。つまり、カバノンは、ル・コルビュジエが考えた人間の寸法から割り出されたキューブということになる。

そのキューブを生活装置としているのは、結局のところ厳密に配置された家具類である。つまり、家具類を排除すれば、単なる約八畳ほどのキューブしか残らない。家具の配置は、空間を生活装置化するとともに、この極小空間における人間の動き、あるいは動線を構成することになる。大きくは、四つの長方形を壁に沿って回転するように配置する。すると、中心にひとつの正方形が位置するようになる。こうした基準線に沿って、家具を配置することになる。最初のエスキースで、ル・コルビュジエはこの基準線を点線で引いている。この基準線を使った平面の構成は、「ニコラ・プーサンの古典主義絵画の方法に近い」とカンブレトは指摘する。[9] なお、カンブレトは、カバノンを再構成したアクソメ（不等角投影）の図面を描いていることで知られている。

古典絵画だけではなく、近代のグラフィックデザインも実のところ、基準線によって構成されていることが多く、それは見るものの視線の誘導や整理をうながしている。

カバノンにおける四つの長方形と中心に置かれた正方形は、ちょうど卍形の図形を構成する。それは、生活者の動線をうながし、渦巻き形の動きを誘導する。それはカバノンの空間のプログラムであり、またシステムでもある。ついでながらこの卍形は、ヘリット・トーマス・リートフェルトの椅子の構造にたびたびあらわれる。こうした構成の中に、いくつかの家具が入ることになる。

たとえていえば、カバノンはまるで家具が住まいになったような室内といえるだろう。この小さな住宅には、先にもふれたように、ベッド、サイドテーブル、ワードローブ一台、洗面器つき棚、本棚、テーブル、箱型スツール二本などが置かれ、文字どおり、最小限かつ十全そして心地良い住まいとしてデザインされているのだ。そして、すべてが、ル・コルビュジエの提案した身体寸法（モデュロール）を基準に構成されている。

生活を切りつめる

広い住まいに、多くのものを置くような生活を否定する必要はない。しかし、最小限に切りつめてみると、本当に生活に必要なものは何であったのかが見えてくる。

今日のわたしたちの住まいは、ものにあふれている。そうした状況の中で、ものを処分し廃棄することがあちこちで提案されている。その提案に、にわかに全面的に賛成することには躊躇してしまう。どのようなものであれ、それは、わたしたちが何かの思いを持って集めたものなのである。そこに、記憶の断片があるはずだ。たびたび述べてきたように、わたしたちの住まいに集められたものは、それを所有している人の換喩《メトニミー》になっている。つまり、ものは人の一部になっているのである。

高齢になって新しい家を建てた場合、若い人たちがやるように、新しい家に合わせて、すべて新しい家具や調度品を入れるということは避けたほうが無難である。少なくとも、いくつかの古い家具や調度品を、新しい室内にも入れたほうがいい。というのも、高齢になって、身の回りのものをすべて廃棄すると、なぜか認知症が発症することが少なくないといわれている。それは、ものに関わる記憶を廃棄することによって起こるのかもしれない。

そうしたことを承知のうえでのことだが、自らの生活に必要な最小限のものは何か、ということに目を向けてみると、必要のないものがあまりにも多すぎることに気づく。してみれば、身の回りのものを、最初から切りつめるように生活することもまた、心地良い生活をつくり出す（デザインする）ことなのではないか。

（1）　ジャン・ボードリヤール『消費社会の神話と構造』今村仁司・塚原史訳、紀伊國屋書店、一九七九年。

（2）ヴァルター・ベンヤミン『パサージュ論Ⅳ』今村仁司ほか訳、岩波書店、一九九三年。

（3）*PRISONERS' INVENTIONS*, Written and Illustrated by Angelo, whitewalls, distributed by the University of Chicago Press, 2003.

（4）中井久夫「統合失調症の経過と看護」『徴候・記憶・外傷』所収、みすず書房、二〇〇四年。

（5）ミシェル・ド・セルトー『日常的実践のポイエティーク』山田登世子訳、国文社、一九八七年。

（6）Le Corbusier *L'interno del Cabanon Le Corbusier 1952-Cassina 2006*, a curadi Filippo Alison, Triennale Electa, 2006.

（7）ブルノ・カンプレト『ル・コルビュジエ　カップ・マルタンの休暇』中村好文監修、石川さなえ・青山マミ訳、ＴＯＴＯ出版、一九九七年。

（8）ビアトリス・コロミーナ「戦線――『*E1027*』」篠儀直子訳、『10＋1』No.10所収、ＩＮＡＸ出版、一九九七年。

（9）（7）と同

第4章　シリアスな生活環境のためのデザイン

1　貧困解決とデザイン

絶望的貧困の発見

最近、ミース・ファン・デル・ローエをはじめとしてバウハウスのデザイン、あるいはアメリカのチャールズ・イームズや北欧のハンス・ウェグナーのデザインなど二〇世紀のモダンデザインがたびたび男性雑誌などで紹介されている。現代のデザイナーたちの手がけた新製品の情報もまた次々と掲載されている。豊かな社会で生きる人々にとって、そうしたデザインの情報があることはけして悪いことではない。もちろん、それが単なる消費のための情報になっているということもあるのだが。

エレガントな生活のためのデザイン情報があふれている一方で、しかし、そうしたデザインとはまったく縁のない貧困を余儀なくされてる人々が存在している。世界規模で見るなら、そうした人々のほうが大多数なのである。

したがって、彼らの生活のためのデザインを手がけることは、デザインの重要なテーマであることは間違いない。

振り返って、モダンデザインは、当初、いかに貧困な生活環境をなくしていくかということがひとつの発端になっていた。一九世紀の大都市、たとえばロンドン、パリ、ニューヨークそしてもちろん東京でも、貧困にあえぐスラム街が広がっており、その絶望的貧困が衝撃的な形で〝発見〟されたのだ。その絶望的環境を改善するための「計画」が提案されることになる。「計画」すなわち「デザイン」である。

その中で、もっともよく知られているのは、一九世紀から二〇世紀はじめにかけて提案されたイギリスのエベネザー・ハワードの田園都市計画だ。その計画案は、ドイツの集合住宅に影響を与え、それはまた、日本の同潤会（戦後の日本住宅公団）の住宅計画に影響を与えた。したがってもちろん、バウハウスにも少なからず影響を与えている。

計画・管理することなくまったく自由競争にまかせるという一九世紀の市場のあり方、つまり弱肉強食的に自然淘汰されるにまかせるという経済のあり方は、経済破綻を引き起こすことになる。経済破綻の結果引き起こされる「貧困」を目の当たりにした一九世紀において、ある程度、経済を計画・管理する必要があることが認識されるようになる。

では、その貧困は、解消されたのか。結論からいえば、解消されるどころか、二〇世紀を通して、むしろ拡大されたといえる。都市のホームレス、そして何よりも第三世界の貧困は深刻である。

　貧困な生活環境に生存する人々に、いかにより良い生活環境を実現するか。それは、モダンデザインの発端のひとつの要因となった課題であり、いまだ解決していない課題でもあり続けている。とすれば、あらためてデザインとして処方を描くことができるかどうかが問われることになる。

デザインによる処方

図27　『残り90％展』カタログ表紙
Cooper-Hewitt National Design Museum, *DESIGN FOR THE OTHER 90%.*

　二〇〇七年、スミソニアン博物館の分館で、ニューヨークにあるクーパー・ヒューイット国立デザイン・ミュージアムが『残りの九〇パーセントの人たちのためのデザイン』（以下『残り九〇％展』）という展覧会を開催した（図27）。

　その展覧会カタログのテキストは、次のような指摘をしている。いわゆる産業先進国の九五パーセントのデザイナーたちは、世界中の一〇パーセントの豊かな顧客のためにデザインをしている。そして、デザインにおける革命とは、残りの九〇パーセントの人々に手をさしのべることとなのだという。乗り物のエンジニアたちは、世界中の多くの人々が中古品の自転車を買うことを夢見ている中で、モダンな自動車のエレガントな形をつくることにかかずらっているというわけだ。(1)

また、同カタログによれば、世界の人口の半分が一日二ドル以下で生活しているのだという。圧倒的な貧困が世界を覆っているのである。

『残り九〇％展』では、いくつかの事例が示されている。貧困は、第三世界にのみあるわけではない。都市生活者にも見られる。ちなみに、二〇〇五年八月のアメリカ、ニューオリンズ周辺を襲ったハリケーン・カトリーナは、けして豊かではない生活者にさらなるダメージを与えた。ハリケーンから三年後に、ニューオリンズの街を見る機会があったが、被害がとりわけ大きかった地域は、貧困のため、完全に復旧していない住宅が残っていた。

もちろん、産業先進国のようにインフラストラクチャーが整備されていない地域でもまた、貧困が直接的、間接的な要因となっている。そうした広い意味での貧困状況にある生活者へのデザインの提案が、この展覧会では行われている。

たとえば、アメリカのアトランタやシカゴなどの都市部におけるホームレスを対象としたプロジェクトとして、一九八六年、アトランタで始まった「マッド・ハウザー・ハット」(四八平方フィートの大きさ)という仮設小屋供給プロジェクトが、『残り九〇％展』では紹介されている。このプロジェクトは、九四年版『全地球カタログ』でも紹介されている。(2)

このプロジェクトは、貧困の根本解決にはならないが、少なくとも、ホームレスのプライバシーや暖房そして睡眠空間など最低限の機能を確保している。この小屋には、水や電気はない。それらは公園などの公共施設を利用することになる。

小さな小屋を供給していくというこのデザイン・プロジェクトは、阪神・淡路大震災のときに、日本でも実現していれば、ずいぶん効果的であったと思える。東日本大震災においても、そうしたアイデアは出されず、体育館などが避難所にされた。

また、同展ではハリケーン・カトリーナの後に残された廃材を利用した家具供給プロジェクト(カトリーナ・家具プロジェクト)が紹介されている。このプロジェクトは、ノン・プロフィット(ノット・フォー・プロフィット)の組織によってすすめられている。若い建築家やテキサス大学の学生が組織に参加している。廃材を利用するプロジェクトの考え方は、産業廃棄物の三〇パーセントほどが住宅廃材である日本の現状においては、大いに参照されるべきだろう。

住宅に水道が完備していない南アフリカのピーターズバーグでは、ポリタンクに水を入れて運ぶことが大変な作業となっている。そのポリタンクを「Qドラム」と呼ばれる、ドーナツ形のデザインにした（図28）。これは、ロープをつけて、ころがして移動することができる。まさにデザインによる処方の典型である。

図28　水を入れて運ぶための「Qドラム」Cooper-Hewitt National Design Museum, *DESIGN FOR THE OTHER 90%.*

また、販売、マーケティングなど市場原理に頼らず、リナックスなどのOS（オープンソース）を利用することで、ラップトップ・コンピュータをきわめて廉価に実現することができる。そうしたアイデアによるコンピュータを子どもたち一人ずつに供給するプロジェクトがある。これは、遠隔地教育の重要なメディアである。このプロジェクトは、MIT（マサチューセッツ工科大学）のメディア・ラボの所長を務めたことで知られる、ニコラス・ネグロポンティによってすすめられた。当初、一九八〇年代にコロンビアやコスタリカなどで始まった、テレコミュニケーションのプロジェクトで、現在「Wi-Fi and WiMAX」と呼ばれ、ラップトップを子どもたちに供給する方向に向かっている。

このほかにも、エネルギーやトランスポーテーションなどに関するさまざまなプロジェクトが『残り九〇％展』では紹介されている。ここで、共通しているのは、「デザインはマーケティングでは実現しない」「デザインはマーケティングではない」ということだ。また、デザイナーに要求されることは、クライアントの説得技術やプレゼンテーション技術ではない。そうしたことではなく、切羽詰まった貧困な生活をいかにより良くするかという、まさに具体的なデザインの提案なのだ。このことは、マーケティングはあくまでも市場開拓のためのものであり、デザインはマーケティングでは実現できないという事実を暗示している。

オルタナティヴなデザイン

デザインが解決すべき、こうした課題へと目を向ける提案が二〇〇〇年代に入り、アメリカやヨーロッパでは次々に行われている。

たとえば、カナダのデザイナー、ブルース・マウが二〇〇五年に、オンタリオ美術館（AGO）で大きな展覧会『マッシヴ・チェンジ』を企画開催している（図29、図30）。展覧会の副題は「グローバルデザインの未来」となっている。この展覧会では、会場の入り口

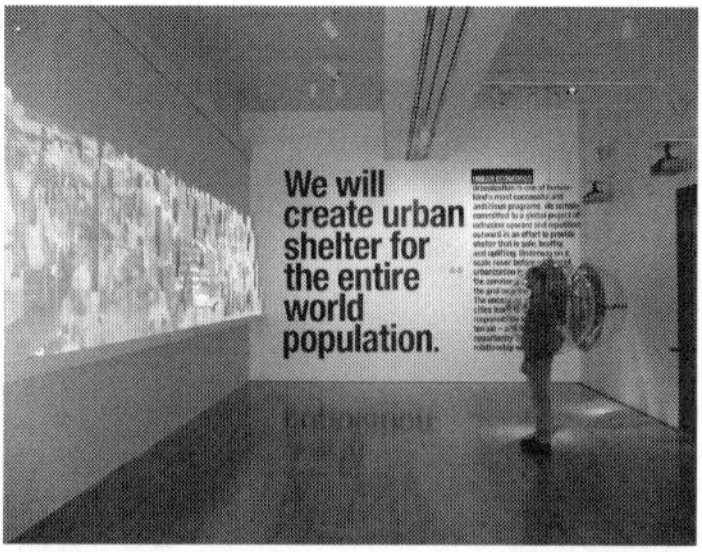

図29　マッシヴ・チェンジ展示会場

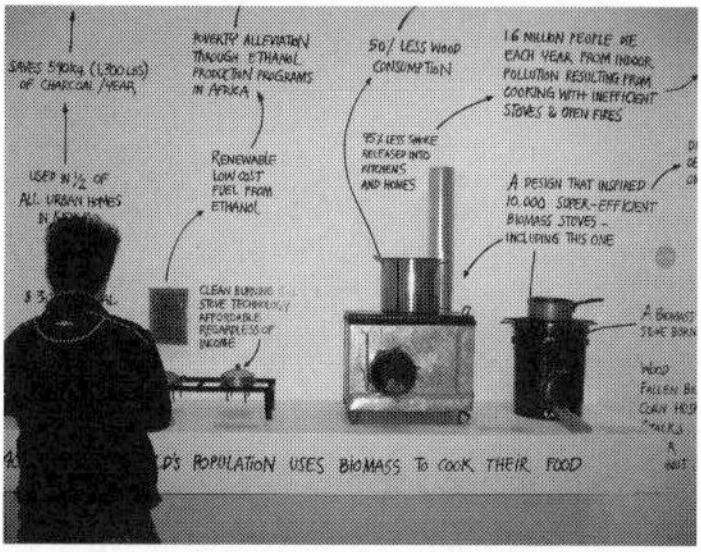

図30　マッシヴ・チェンジ展、バイオマス（薪）エネルギーの説明展示

で、「何でもすることができる今、我々は何をするか？」と問いかける。

そして、現在の科学技術は、大きく変化し、継続できる移動システム、エネルギーのシステム、不可視を可視化するシステム、需要と供給のシステム、新素材の出現、戦争ではなく生命へのサービス、廃棄のシステム、貧困の問題などに関して、有効な処方を提供しうる状況にあり、それは、わたしたちの生活環境をマッシヴ（大規模）にチェンジ（変化）させる可能性を大きくふくんでいるのだとブルース・マウは、主張している。(3)

未来に対してきわめて肯定的な立場から、その現状を視覚的に表現したのが、この展覧会であり、また、わたしたちの生活環境を劇的に変化させるような新しいデザインを展開するべきことを問いかける内容となっている。具体的には、現代のバイオ技術や軍事技術などのスピンオフによって、貧困な生活環境や廃棄による問題などを解決すべきことが提案されている。

こうした展覧会が、二〇〇〇年代に開催されていることからしても、消費社会のデザインとは異なるデザインの課題が現在、注目されていることがわかる。いわばオルタナティヴなデザインの可能性へと目が向けられている。

2 生きのびるためのデザイン

極限状況でも快適さを

現在もそうした注文があるのかどうかわからないのだけれど、フランスの鞄メーカーでは、かつて注文に応じて旅行用にコンパクト化した道具を製作していた。もっともよく知られているもののひとつは、指揮者のレオポルド・ストコフスキーが一九三六年に、ガストン・ヴィトンに注文した旅行用のビューローだ（図31）。トランクの中に、本棚、引き出し、デスクがしまい込まれ、引き出しにはタイプライターが収納されている。どこに行っても、自分の仕事環境を最低限実現するという発想で注文したデザインである。また、布製簡易ベッドを収納したトランクが一八七九年にルイ・ヴィトンによって製作されている(図32)。この簡易ベッドは、フランスの探検家サヴォルニヤン・ド・ブラザがアフリカのコンゴ探検のさいに携行している。野戦病院で使う簡易ベッドのようなデザインである。

旅行用にコンパクト化されたストコフスキーのビューローやブラザの簡易ベッドは、アジアであれアフリカであれ、どんな僻地に行こうともヨーロッパでの快適(コンフォート)な生活を持ち込もうとすることから生まれたといっていい。これは、ある時代のヨーロッ

図31　ストコフスキーの旅行用のポータブル書斎。トランクの中に収まる

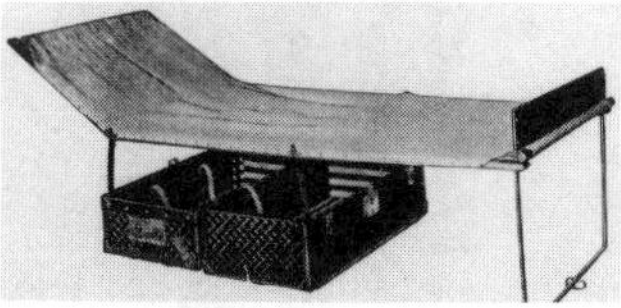

図32　ルイ・ヴィトンによる「布製簡易ベッドを収納したトランク」
図31、図32ともに『フランス・コルベール展』カタログ、サンケイ新聞社、1985年。

図33　ストックホルムの地下鉄は、有機的なデザインになっている

パの有産階級の人々によって生まれたデザインである。しかし、それを単なる贅沢な生活感覚の産物と見るかどうかだ。

　たとえば、ブラザの使った折りたたみ式布製簡易ベッドは、地面にシートを敷いてその上で寝るよりはるかに快適な眠りを実現してくれる。とほうもない紛争で傷ついた人を休ませる野戦病院でも同じことがいえる。折りたたみ式の簡易ベッドは、震災などの被災地における避難所で生活する肉体的・精神的にダメージを受けた人を少しでも快適に治療し生きのびさせる道具となる。

　もちろん、その快適さをどこまで実現するかは、状況によって異なる。極限的な僻地にまで重装備のソファやテーブルやベッドを持ち込んでいくわけにはいかない。災害時に豊かな消費的生活環境をすべて実現できるはずもない。つまり、かぎられた条件の中で、しかしどれほど快適さを実現するか。これこそが生きのびるためのデザインだといえるだろう。「生きのびるためのデザイン」は、極限状況において、より「快適」であることを目指すデザインであるということをまずは意識しておく必要がある。スウェーデンのストックホルムの地下鉄通路の中に入ると驚く（図33）。壁面は鍾乳洞のように起伏に富んでおり、さまざまな色彩で構成されている。それは、地下通路が「核シェルター」など非常時用の避難所として想定されているからだ。長期間にわたる避難所生活は精神的なダメージを与える。そのダメージをできるだけ和らげ、少しでも快適な生活を与えるために、地下鉄通路を有機的なデザインにしているのだ。

自立するためのデザイン

ところで、一九六〇年代末から七〇年代にかけて、いわゆる「対抗文化（カウンター・カルチャー）」が広がった時代に、わたしたちの生活をいかに組み換え、生きのびるかという問いかけを持ったカタログ形式の出版物がアメリカで次々に刊行された。その中でももっとも典型的なものはスチュアート・ブランドが編集した『全地球カタログ』（Whole Earth Catalog）だ。そこには、天候などの自然環境の読み方から、シェルターのつくり方、あるいは水道などの生活に関わるシステムの知識がカタログ化されていた。

また同時代に刊行された『新しい女性のサヴァイヴァル資料集』（The New Women's Survival Sourcebook）なども同様の志向からつくられたカタログである。「仕事」「マネー」

「健康」「ライフスタイル」などの項目にわけて、いかにサヴァイヴするかが語られている。たとえば、「健康」のところでは、「ライセンスなしの健康管理実践」といったことがコラムで語られている。医療の免許がなくても自己の健康管理はできるはずである。

ちなみに、このコラムが女性のためのカタログの中で記述されているからこそ、自分の身体を自分で管理するという視点が出てきたともいえるだろう。というのも、医学が男性の特権として扱われてきたという歴史的経緯を前提にしているからだ。こうして女性に向けて語られていることが、後に男女の区別なく、意識化されることになる。つまり、自身の身体を自己管理するという発想が男女の別なく広がっていくことになる。このコラムの内容を少し紹介しておこう。

女性の身体内部の明白さや単純さは、医学の専門家によって、ミステリアスなものに変質されてしまい、女性にとってタブーとなる複雑な領域にされてしまいました。病院では高額な費用が必要になり、屈辱的でしばしばサディスティックな扱いをされ、投薬と外科手術が施されます。女性の通常の機能——生理、排卵、出産、妊娠期間の終焉、更年期——は、障害、機能不全、病の徴候として、医学によって示されてきました。政治的に抜け目のないやり方で、男性たちは、女性の産道（バーシング・キャナル）

を彼らの所有物であるかのように専門領域にしてしまいました。まずは、一四世紀から一七世紀にかけての魔女狩りと宗教裁判において、多くの女性治療者（ヒーラー）や産婆を一掃しました。次に、女性の健康を医学の専門家（男性）の管理のもとにおきました。そして最後に、医学学校の厳しい定員割りあての実施によって、女性を医学から排除したのです。(4)

つまり、女性の単純な身体と生理を複雑に捉え、医学的に女性自らが手出しできないようにしてきた歴史があるのだという。こうした、状況を打ち破ったのは、記述は前後するが、女性が自身の身体に目を向けたことによっていたという。

「一九七一年四月七日、キャロル・ドウナは、自身の膣にプラスティックの内視鏡を入れました。そして、全米女性連盟（N. O. W.）での膣と子宮頸部を見るためのミーティングに友人たちを招きました。

革命が起こっ《ボーン》たのです！

……今日では世界中の膨大な数の女性たちが、実際の女性の子宮頸部を観察しています(5)」

そして、その後婦人科ではスライドのプレゼンテーションをするようになったのだと述べている。それまでタブーとされていた自らの身体を観察することによって、女性たちは、自身の身体を専門家（男性）から取り戻し、自ら管理する意識を持つことになる。

こうしたことは、やがて女性だけにかぎらず、人々が自らの健康管理をすることに意識的になっていく流れをつくった。また、これは身体や健康といったことにかぎらず、自らの生活環境全般に、自分たちで自ら管理するという意識を生み出した一九六〇年代末から七〇年代の文化の特徴を見ることができる。

こうした一連の出版物は、やはりいかに快適に生きのびる（サヴァイヴする）かをテーマにしていた。そうした対抗文化が生み出したデザインが語られてから四〇年ほど経た現在、そこで提案された「生きのびる」ためのデザインという概念が忘れられかけているのではないだろうか。

危機とデザイン

とはいえ、近年にわかに「サヴァイヴする」（生きのびる）ことや、「災害」などに目を向けた企画展が開催されている。予期せぬテロや災害が目立っているからだろう。

二〇〇五年、ニューヨーク近代美術館（MoMA）は、『safe：Design Takes On Risk』（「安全―デザインがリスクを引き受ける」）という展覧会を開催した（図34）。暴力、怪我、病気、災害、犯罪から始まり、地雷などによる事故に対する道具や装置のデザインが展示された。具体的には、身体を守るヘルメットのようなものから衣服、そしてシェルター、救急医療装置そして新たな情報装置などのデザインである。

アメリカは、日常的治安の問題も多いが、二〇〇一年の「9・11」事件や〇五年のハリケーン・カトリーナの災害などを受け、「危機」への現実的認識と「安全」への意識が急速に高まった。そうしたことを背景にしてMoMAでの『safe』展が企画されたのだろう。

図34　MoMA『safe』展。樹木のような都市での監視カメラなどのモニタ

MoMAの展示品の背景には、軍事のためにおびただしい資金と人材を投入して製作されたもののスピンオフ（日用品化）という印象が感じられる。そのコンセプトはよくわかるし、見た目にも、よくできていた。しかし、欲をいえば、それを使う人々の姿が見えにくかったのは少々残念であった。見せ方の抑揚がなく淡々と製品だけが展示されたからかもしれない。

わたしたちの生活をより快適なものにするというデザインの課題へと目を向ける提案がMoMAの企画展『safe』よりも、より広く行われたという点では、すでに紹介した、カナ

図36　FAMA『サヴァイヴァル・ガイド』によるワインの作り方
FAMA, *SARAJEVO: SURVIVAL GUIDE.*

図35　FAMA『サヴァイヴァル・ガイド』の表紙

ダのデザイナー、ブルース・マウが企画してオンタリオ美術館（AGO）で開催した大きな展覧会『マッシヴ・チェンジ』があげられるだろう。それは、未来へと向かって積極的に「生きのびる」ためのデザインの提案であった。

振り返って、一九九〇年代の前半、サラエボでの紛争時、ＦＡＭＡというグループが、サラエボでどのように生き抜くかということをテーマにさまざまな道具や装置を考案し、発表するとともに、紛争地サラエボの『サヴァイヴァル・ガイド』までつくった（図35、図36）。ＦＡＭＡは、たとえば、輸血用のプラスティック容器を使って、汚れた水を濾過し、飲み水にする装置や、新聞紙を水に浸し紙粘土状にし、球状にして乾燥させ、燃料にするといったような提案を多数示していた。また、紛争によって食材などが極端にかぎられている状況の中で、いかにして代用品的なワインなどをつくるかのノウハウ（レシピ）なども提案された。身の回りにあるあり合わせのものを集めて何とかものをつくってしまうそのデザインは、まさに少しでも生活を快適にしようとする、生きることへの強い意志と日々のいとなみを感じさせて感動的であった。

日本では、一九九五年に起こった阪神・淡路大震災の直後に、いくつかのデザイン的な試みが実践された。坂茂による紙を使ったシェルター、あるいはすでにその前年に製品化されていた、津村耕佑によるコート「ファイナル・ホーム」なども注目されることとなった。

震災後の生活でもっとも重要なものは、プライバシーと清潔さを確保できる装置であることがわかった。まずはトイレと風呂である。エンジニアそしてデザイナーでもあるバックミンスター・フラーは、早くからこのことを意識していた。一九三八年、フラーは、薄い金属板の一体成形によるプレハブ式浴室とトイレをデザインした。「ダイマクション・バスルーム」（図37、図38）と呼ばれるこのユニットはさらに、四三年、キッチンなどを加え、車輪をつけた移動型最小限住宅としてデザインされた。また、その延長上にいわゆる「ダイマクション・ハウス」がデザインされることになる。最小限の生活について、フラーは清潔な身体を保つこととともに、トイレを重視していた。

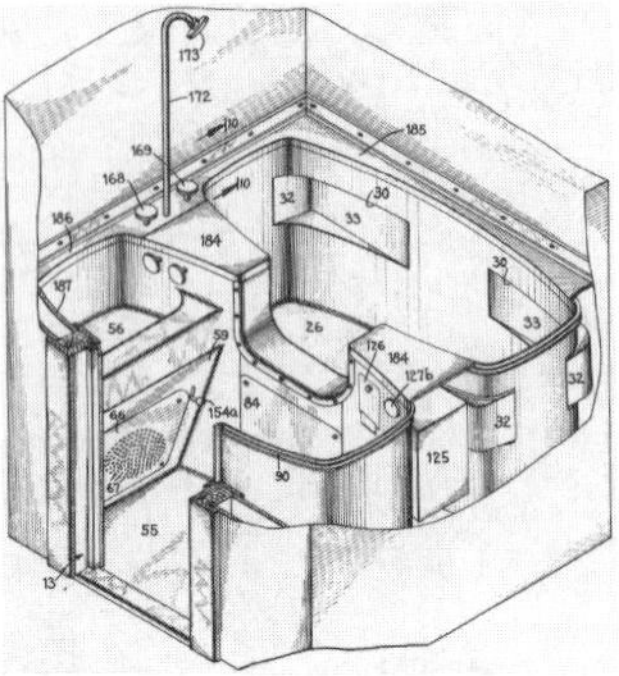

図37　バックミンスター・フラーによる「ダイマクション・バスルーム」（1938年）の図面

図38　「ダイマクション・バスルーム」の試作品（1937年）
図37、図38ともにヨアヒム・クラウセ、クロード・リヒテンシュタイン『R・バックミンスター・フラー　アート・デザイン・サイエンス』神奈川県立近代美術館。

フラーがもっとも興味を持っていたのは、住宅をふくめたシェルターと移動装置のデザインだった。

彼は、住宅を「無駄な手間、利己主義、搾取、政治、そして中央管理を排除」[6]するものでなければならないと考えた。それは、市場からも組織や国家からも離れ、しかも「洪水、火事、大旋風、雷、地震、そしてハリケーン」といった大自然の極限状況の中でも生活を自立し自律可能にすることを意味する。

フラーは一九二七年、大量生産を前提とした住宅を構想し、「4―D」（四次元）というタイトルをつけて、詳細なレポートを出版した。それをヘンリー・フォードやバートランド・ラッセルらに送った。また彼はこの頃に、ル・コルビュジエの『建築をめざして』を読んでいる。

「4―D」は、量産可能ということに加えて、構成の面でさまざまなアイデアをふくんでいた。この実験住宅は軽量で、台座から取り外しが可能になっており、アルミニウムのマストを中心に置いて、透明ガラスとカゼインの壁、そして空気を入れたゴムの床をワイヤーで吊るしている。住宅は移動が可能であり、また、マストに複数の住宅を積み重ねて集合住宅にすることもできる。各住宅は、それぞれに発電機と水のリサイクリング・システムを持っており、公共の設備は必要ない。

「4―D」モデルは一九二九年、シカゴのマーシャル・フィールズ百貨店で展示され評判となった。その際、フラーのデザインには「ダイマクション」という名称がつけられることになった。「4―Dハウス」は「ダイマクション・ハウス」と呼ばれることになった。この名称は、フラーがさかんに使った「ダイナミック」「マキシマム」そして化学用語の「イオン」という言葉を、百貨店の担当者が合成してつくった造語だといわれている。

ギーディオンはフラーの住宅は近隣に対して閉鎖的であり、近代住宅の傾向とは逆行しているとも述べている。しかし、それはまさにフラーが意図的に実現しようとしていたことだった。つまり「個人の自立」である。

一九四〇年、かつての実験的住宅のアイデアをもとにモデル「DDUs（ダイマクション・ディプロイメント・ユニッツ）」を製作する。波型金属板を使った穀物用のシェルターを量産していたカンザスのバトラー・マニファクチャー社の経営者と会い、自分のアイデアを採用させた。戦争が始まるとDDUsは軍事目的で注目されるようになった。四一年、アメリカ政府がDDUsを検討することになり、プロトタイプがワシントンDCで組み立てられた。DDUsを労働者用の住宅に使うという計画もあったが、結局、軍事のみになった。DDUsは、太平洋諸島、ペルシャ湾地域で信号通信部隊や空軍のレーダー施設や住宅として数百個が使われたのである。フラーの考えていたダイマクションの発想は、空間経済学的な合理性を持ち、軍事の合理に見合っていたのだ。結果として見れば、そのデザインは外観があまりにも機械的で、住宅としては人々の感覚に馴染まなかった。

フラーは輸送機関にも興味を持っていた。彼は、海を航行する船はその海の所有権などを主張することはないといった意味のことを述べている。住宅もまた土地の所有を必要としないという。住宅も移動可能であったほうが自由だと考えていた。彼は、人々の自由な生活を抑圧するものを排除し、また危険を回避することをデザインの役目だと考えていたのである。やがて、フラーの構想は、全地球規模へと向かう。地球全体をドームで覆い、コントロールするといったSF的な提案を次々にしていくことになる。

フラーは、自然の災害から政治権力による危険性までをもエンジニアリングとデザインで解決しようとした。まさに「生きのびる」ためのデザインを考えようとしていたのである。

繰り返しになるが、重要なのは、災害や安全をテーマとした「生きのびる」ためのデザインが、少しでも「快適」な生活の実現を目的にしているということを意識することだ。そこには無数のアイデアとエレガントなデザインが実現するはずである。災害時だけではなく、日常生活においても快適さを実現するデザインは、わたしたちをサヴァイヴさせるだろう。

3 ユーモアを持った器用人のデザイン

極限状況を生き抜くユーモアとデザイン

わたしたちは、どのような深刻な状況のもとでも、またどのように危険な事態の中でも、何とかそれをやり過ごしていくために、少しでも状況を改善しようとする。この改善の作業はあきらかにデザイン行為だといわなければならない。しかも、それはわたしたちのデザイン行為としてきわめて根源的なものだといえる。それは「極限状況」を少しでも快適な状況へと変更させるためのデザインである。

「極限状況」という言葉で想起されるのは、ゲリラ活動、紛争、戦争、獄中あるいは何らかの要因で、生活のための物資が不足してしまっているような状況全般ということになるだろうか。

戦時体制という極限状況を想定してデザインされたものは、軍事的プロダクトとして、おびただしい資金と人材を投入して製作されている。また、そこからスピンオフ（日用品化）されたものも数多くある。ちなみに、チャールズ・イームズをはじめ第二世代のアメリカのデザイナーは第二次大戦に関わる仕事からそのスタートを切っている。一九四七年にイームズがデザインした合板の椅子も、戦時中にデザインした海軍向けの骨折用添え木のデザインから始まっている。ＩＢＭの巨大コンピュータにしても、高射砲のシミュレーションがひとつの起源になっている。

資材投入型とは別の「極限状況下」の工夫（デザイン）に、ここでは目を向けておきたい。つまり、資材投入型ではないデザインは、極限状況を人々がどのように乗り切ろうとしたかをより身近に見せているからだ。

まず、ゲリラ活動ということで思い出すのは、革命家のチェ・ゲバラの活動だ。二〇〇五年、ニューヨークの国際写真センターでは、チェ・ゲバラの写真展を開催した。キューバの権力者カストロとの軋轢《あつれき》から逃れるという理由もあっただろうが、ゲバラはキューバを離れ、そしてボリビアで射殺された。一九六七年のことだ。ジョン・レノンが「世界でもっとも格好いい男」といったことで知られている。ニューヨークでの写真展を見て、ゲバラがいまだにポップ・アイドルであることを感じた。二〇〇七年は死後四〇年の年にあたり、ゲバラについての話題を新聞などいくつかのメディアで目にした。

ゲバラをゲリラ的革命家であるがゆえに危険視する人々がいた一方で、ニューヨークなどでは彼をポップ・アイドルとして受け入れていたところが興味深い。

それは彼のパーソナリティによるところが大きい。たとえば、ボリビアでゲリラ活動をしているときに、メンバーの一人が村の女性に暴力をふるうという事件が起きるが、ゲバラはメンバーのその男をただちに射殺したといわれている。規律なしには組織を持続できないことを熟知していたのだろう。そうした冷徹さを持つ一方で、ゲバラはゲリラ活動という極限状況にあってもユーモアを持ち続けたといわれている。規律とユーモアを同時に持ったパーソナリティが、彼をポップ・アイドルにしているのだろう。

つまり重要なことは、極限状況の中でのユーモアである。ゲバラは、ボリビアでのゲリラ活動で風呂に長期間入れなかったことも笑い話にしてしまう。このユーモアを持った生き抜く力は、極限状況で事態をより良くやり過ごすためのデザイン行為とどこかで共通しているはずだ。実際、ゲバラがどのように困難な極限生活への工夫をしたかはわからないが、おそらく無数の工夫(デザイン)があったのではないだろうか。

話題は変わるが、すでにふれたように、一九九〇年代の前半、サラエボでの紛争時、FAMAというグループが、サラエボでどのように生き抜くかということをテーマにさまざまな道具や装置を考案し、発表するとともに、紛争地サラエボを見に来て下さいという「サラエボ観光マップ」までつくってしまった。まさにユーモアの産物だ。

FAMAは、たとえば、電気が来てなくても本を読むことができるように、自転車をひっくり返し、ペダルを手で回しながら発電機を動かしライトをつけるといった工夫を提案している。身の回りにあるあり合わせのものを集めて何とかものをつくってしまうそのデザインは、十分に説得的であった。さらに、それらのデザインをインスタレーションとして美術展にしてしまうユーモア、そしてポジティブで磊落《らいらく》な姿勢は、「生き抜くデザイン」を感じさせる。

FAMAの『サヴァイヴァル・ガイド』では、「気候」「インテリア」「住まい」「水」

「暖房」「飲み物」「食事」「学校」「ピクニック」などといった項目をつくってサラエボを紹介している。これもまたユーモアである。「文化的サヴァイヴァル」というコラムでは次のように述べている。

> 包囲された都市は文化によって自衛し、サヴァイヴする。グループや個々人は、包囲攻撃される以前から彼らがいつもしていたように創造行為を続けている。不可能な状況の中にあって、彼らはフィルムをつくり、本を書き、新聞を発行し、ラジオ番組を制作し、カードをデザインし、展覧会やパフォーマンスを企画し、都市再建の青写真を描き、新しい銀行を設立し、ファッションショーを計画し、写真を撮り、祝日を祝い、日々の体裁を保っている。
>
> サラエボは、未来の都市であり、そして戦争で荒廃した後の生活を示す都市である。古い文明の廃墟の上に、都市の残骸から成る、もうひとつ（オルタナティヴ）の新しい都市が萌芽しつつある。サラエボは、未来派のコミックやＳＦ映画の生活を見せているのだ。[7]

独房の中でのデザイン

背任・偽計業務妨害ということで逮捕された元外務省主任分析官の佐藤優による『獄中記』には、拘置所での勾留生活に関する興味深い記述が見られる。それによると、逮捕されて最初の三日間はいっさい差し入れが認められない。差し入れの申込みが許されても、それを受け取るのは翌週になる。当初ボールペンを持っていないために、記録をとることができず不利な条件下で検察とのやりとりをすることになったという。やがて、ノートとボールペンが差し入れられたという。わずかな筆記具がないことが、いかに思考と記憶を困難にさせるかが伝わってくる。そして一本のボールペンを大切にする。また佐藤が、拘置所生活をできるだけユーモアを持ってやり過ごそうとすることが、文章のあちらこちらから伝わってくる。

刑務所や拘置所での生活がどのようなものなのかわからないが、日常生活のようにはいかず、物資が不足状態にあるのだろう。こうした状況の中での工夫（デザイン）について書いた本がある。すでに少しふれたが『囚人の発明』(8) というごく小さな本だ。

たとえば、段ボールの箱を独房の壁に接着剤で取り付ける。すると、室内用の小さな棚ができる。このやり方は収容者たちがよく行う方法だという。そして、この棚の中には、手作りのフレームに入れた家族の写真を飾ったり、ＩＤカードや筆記具、眼鏡など細々としたものを入れておく。
想像もしなかったことなのだが、監獄の中では小さなものをどのようにまとめておくかを解決しなければならないのだという。すぐにものが見つけられ使いやすいようにする。それはまた、独房検査のときに看守にものを没収されないようにまとめておかなければならないからでもあるという。そのための、著者の方法は、歯磨き粉（コルゲート）の空き箱を筆記具入れにするというものだ。小さな箱も実に捨てがたい素材となる。

独房の照明は食べ物を温める装置として使える。また、温かなコーヒーやスープをつくるための湯沸かし（スティンガーと呼んでいる。スティンガーには「刺すもの」という意味もあるが「携帯用地対空ミサイル」の意味もある）はいくつかの方法でつくることができる（図39）。基本的には、二枚の金属の板でプラグをつくり、それをコンセントに差し込み、そこからプラスとマイナスの金属板へとつなぎ、その金属板をコーヒーなどの液体に入れるというものだ。金属板はカミソリの二枚刃でつくる。いちばんの問題は絶縁体をいかにつくるかであ

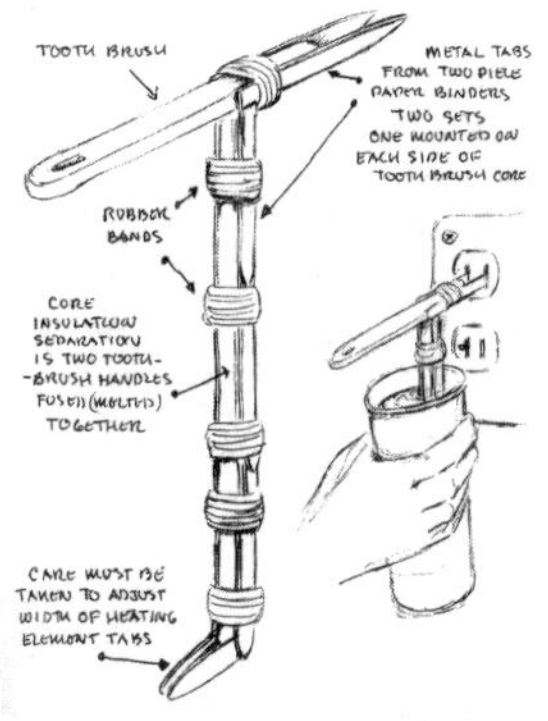

図39　囚人がつくる湯沸かし器「スティンガー」
Angelo, *PRISONERS' INVENTIONS*, Whitewalls.

る。これは歯ブラシのプラスティックを利用したりする。

また、塩や胡椒入れは、Bicのプラスティック製使い捨てライターのケースを利用すればできるというわけだ。

ブリコルールのデザイン

紛争下のサラエボでも監獄の中でも、それは通常の生活から見ればあきらかに極限状況である。そうした状況の中でものをつくる（デザインする）ということは、物資のかぎられる未開社会でのものづくりと共通するところがある。

たとえば、ＦＡＭＡが医療用品の廃棄物を使って水の濾過装置をデザインしているのを見ると、それはとりあえず手に入るものを手がかりにデザインしていることがわかる。

文化人類学者のレヴィ＝ストロースは、『野生の思考』の中で、「器用仕事」（ブリコラージュ）という概念を提示した。近代のエンジニアは、ものをつくる（デザインする）にあたって、まずは概念を構築するところから始める。まずはコンセプトというわけである。それに対して、未開社会の人々は、とりあえずあり合わせの手に入るものを利用し、その可能性を考え、ものを組み合わせて、必要なものをつくるというのだ。こうした未開社会のものづくりをする人々を「ブリコルール」（器用人、bricoleur）と名づけている。

ブリコルールのデザインは、あり合わせのものが持っている「潜在的有用性」を引き出していくのである。「器用人の用いる資材集合は、単に資材性（潜在的有用性）のみによって定義される。器用人の言い方を借りて言い換えるならば、『まだなにかの役にたつ』という原則によって集められ保存された要素でできている[9]」

本来、ものや環境は、その潜在的有用性あるいは潜在的可能性をわたしたちに投げかけている（アフォードしている）。それを引き出すことは、いわばアフォーダンスによるデザインだといえるだろう。ゲリラ生活、あるいはサラエボの困窮した環境の中、さらに監獄の中では、あり合わせのもので、身を守る装置をデザインせざるをえない。それはブリコラージュ的なデザインである。

こうしたブリコラージュ的なものづくりに対して、現代社会のエンジニアやデザイナーたちは、先にも少しふれたように、概念をつくることからものづくりを始めるのだとレヴィ＝ストロースは指摘している。

概念をつくるということは、身の回りにあるあり合わせの素材を前提にするのではなく、まずはどのようなものをつくるのかをイメージし、それを具体的な図面におこし、またスケッチを描くことになる。また、どんな素材が必要であるかが書き込まれたりもする。そして制作のための図面やスケッチに基づいて、計画的に作業がすすめられていく。

つまり計画に基づいて材料や必要な機材を調達することになる。

近代的なデザインでは、いっさいが概念に基づいた計画を立てることから始まる。近代的な計画の発生は、一九世紀あたりから始まった。すでにふれたように、これは当時の産業先進国だったイギリスで始まる。当時、イギリスには多くのエンジニアたちが活躍していた。そうした中で、ジョセフ・ロックは目立ったものは何もつくっていないけれど、きわめて重要な人物として知られることになる。それは、彼が精密な計画の立案方法を考え出したからだ。

ものをつくるにあたっての材料や機材の計画はもちろんだが、彼は時間や経済的なコストの計画を立てることに成功したのだ。近代的なデザインは、それを実現するための時間や経済的コストを計画の中に組み込まなければならない。

たしかに、今日のデザインは計画なしには実現しない。けれども、ときには、あり合わせの素材とあり合わせの道具や機材でものをつくりあげることも、大変魅力的な結果を生む。つまりブリコラージュ的なデザインもけして悪くない。多くの可能性を持っている。

たとえば、「レッド・アンド・ブルー・チェア」で知られるオランダのデザイナー、G・T・リートフェルトのデザインした家具の中に、「クレート・ファニチャー」というのがある（図40）。クレート（crate）つまり、果物や瓶などを運ぶための木箱を素材にして

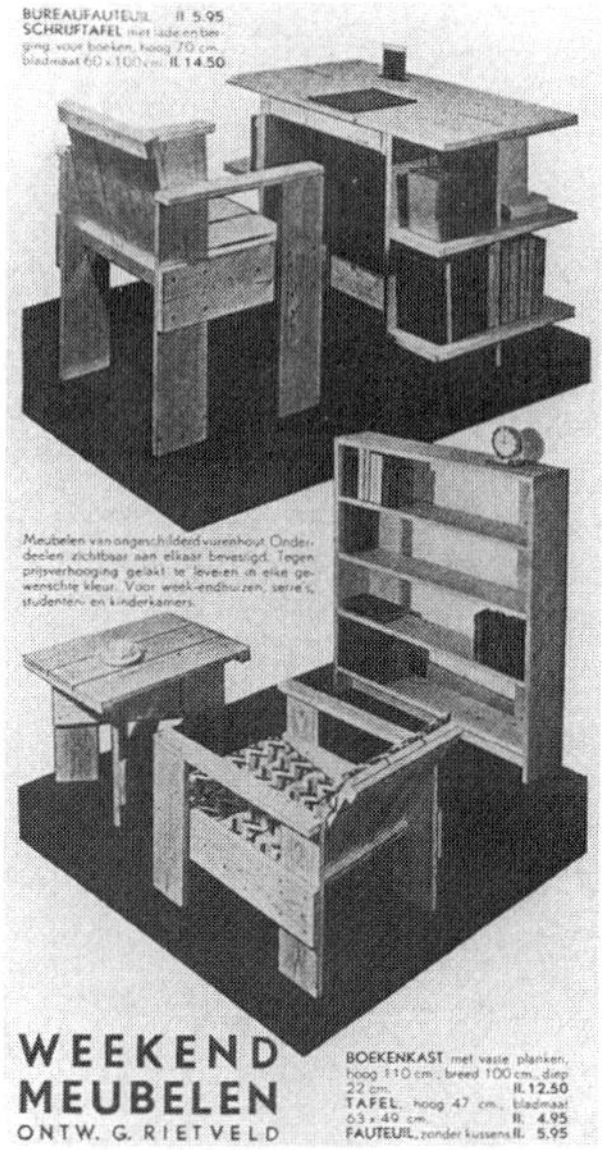

図40　G・T・リートフェルトによる梱包用木箱を使った「クレート・ファニチャー」
Peter Drijver, Johannes Niemeijer, *How to construct Rietveld Furniture*, UITGEVERIJ THOTH BUSSUM.

つくられた家具だ。木箱というあり合わせの素材によって家具をつくるというわけである。まさに日曜大工的なものといえるだろう。

こうしたあり合わせの素材でデザインされた家具は、素朴な味わいがある。もちろん、リートフェルトの場合は、それもまた計画のうちなのかもしれないのではあるが。

とはいえ、計画にしたがって集められた素材によるデザインとは異なって、目の前に置かれた素材からさまざまなイメージを描きながらデザインを実現していくというブリコラージュ的な方法は、やはり素材から啓発されたデザインの持つ面白味が引き出される。してみれば、わたしたちにとっても、意図的にブリコラージュ的なものづくりやデザインを実践してみることも、大きな可能性を持っているように思える。

ついでながら、人間以外の動物たちは、さかんにブリコラージュをしている。たとえば、都市に生きる動物たちの中でたびたび起こっていることなのだが、小鳥の巣は、枯れ枝や草とともに、ビニールの荷造り用ひもでつくられている（図41）。あちこちにプラスティック製品が捨てられているのだから当然のことだろう。また、大型の鳥であるカラスは、クリーニング店で使っている針金でつくられたハンガーを集めて巣をつくったりする。

図41　都市部では、鳥はビニールの荷造りひもを使って巣をつくる

一方、山の中に住んでいる小鳥はどのような素材で巣をつくっているのか。有効なひとつの材料は柔らかな苔だ。実際、山小屋で子猫ほどもある苔の塊を見つけて、恐るおそる観察してみたら、小鳥の巣だったことがある。

プラスティックが混ざり込んだ都市の小鳥の巣も苔でつくられた山の小鳥の巣も、レヴィ＝ストロースの議論を思い起こさせる。

さらにいえば、こうしたブリコラージュ的なものづくり（デザイン）は、巨大なメインフレームのコンピュータを製作していたＩＢＭに対して、あり合わせの装置を組み合わせて、自分たちのためのパソコンをつくったアップルのカウンター・カルチャー的製作方法と共通している。

軍事のためにおびただしい資金と人材を投入して製作されたものには、そのコンセプトが持つ人間理解が表明されている。同様に、あり合わせのものを集めてつくられたものにも、方法は異なっているが、人間への思いが埋め込まれていることがわかる。だからこそ、極限状況の中で身を守る道具や装置のデザインが、わたしたちに刺激を与えるのである。

（1） *DESIGN FOR THE OTHER 90%*, Cooper-Hewitt National Design Museum, 2007.
（2） *Whole Earth Catalog*, edited by Howard Rheingold, Harper SanFrancisco, 1994.
（3） Bruce Mau and the Institute without Boundaries, *MASSIVE CHANGE*, PHAIDON, 2004.
ただし、ブルース・マウのそれまでの発言に対してハル・フォスターは「キャッチー」なだけだと批判をしている。
Hal Foster, *Design and Crime*, Verso, 2002.
なお、『デザインと罪』というこの表題は、アドルフ・ロースの『装飾と罪』を念頭に置いている。
（4）、（5） *Practicing health without a license* by Lolly Hirsch, in *The New Women's Survival Sourcebook*, ed. Susan Rennie and Kirsten Grimstad, Alfred Knopf, INC, 1975.
（6） マーティン・ポーリー『バックミンスター・フラー』渡辺武信・相田武文訳、鹿島出版会、一九九四年。

（7） FAMA『サラエボ旅行案内』翻訳・P3 art and environment、監修・柴宜弘、三修社、一九九四年。
FAMA, *SARAJEVO:SURVIVAL GUIDE*, translated by Aleksandra Wagner with Ellen Elias-Bursać, 1993.
（8） *PRISONERS' INVENTIONS*, Written and Illustrated by Angelo, Whitewalls, distributed by the University of Chicago Press, 2003.
（9） クロード・レヴィ＝ストロース『野生の思考』大橋保夫訳、みすず書房、一九七六年。

第5章　デザインによる環境問題への処方

牛のゲップも二酸化炭素排出量を増やす

地球温暖化をもたらす二酸化炭素の排出量が、久しく話題になっている。一九九七年の「京都議定書」の計画が、その直接的な要因になっているわけだが、さらには、広い意味での「エコロジー」という考え方がすでに否定できないものとなってしまった現状があるからだといえる。いまや、「エコロジー」的な価値観に反論することは、かなり困難な状況にある。

二〇〇八年三月二五日の『朝日新聞』やNHKのラジオ・ニュースでは、にわかに信じがたい研究開発が報じられた。牛は草食動物なので「ゲップ」としてメタンが出る。メタンは二酸化炭素の二一倍の温室効果をもたらすという。出光興産は北海道大学との共同研究で、それを軽減させる物質としてカシューナッツの殻から抽出した油と、シュードザイマという酵母菌による界面活性剤によってメタンの発生を九割もおさえることができることを発見したというのだ。牛のゲップの温室効果ガスなど、知れているのではないか、とわたしは思っていたのだが、「国内の温室効果ガスの年間排出量（二酸化炭素換算）の約0・5％にあたる」（朝日新聞・同日）のだという。いまや、牛のゲップまでが地球環境にとっては問題となっている状況にある。

そんなニュースを読みながら、地球上の人々が吐き出す二酸化炭素はいったいどれくらいの量なのだろうなどと気になってしまった。

汚染されていない海水では死んでしまうタコ

今日のわたしたちの環境は、牛のゲップすら問題になるほどに深刻な事態にある。温暖化によって、永久凍土が溶け出し、閉じこめられていた二酸化炭素が出てくるなどという話は、たしかに恐ろしい。深刻ではあるけれども、エコロジー的な考え方をほとんど機械装置のような思考にしてしまい、一点突破をするような行動に結びつけてしまうことのほうが、さまざまな問題を生み出すように思えてならない。ここはひとつ、肩の力を抜いて、エコロジー的な生活実践を、「有機的」に考えたいところである。そして、それを実現する手だてのひとつとして、やはりデザインがあるのではないかと思える。

肩の力を抜いて、緩やかな気持ちで有機的な思考をいざなうために、少々、面白い話を紹介しておきたい。

フランスのテレビ番組で行った興味深い実験がある。マルセイユの港の汚染された海水の中で元気に泳いでいたタコを採取し、まったく汚染されていない海水の入った水槽に沈めてやる。そうするとなんと数秒後にはタコは収縮し、衰弱して、やがて死んでしまう。

わたしたちをふくめた生物に必要なことは、バランスである。タコに必要なのはつねに汚染された水質環境だということではない。そうではなくて、一気にそれまでの環境を変化させることが、危険をもたらすというにすぎない。重要なことは、「環境のエコロジー」だけを考えるのではなく、同時に人間関係などの「社会的エコロジー」そして、わたしたちの主観や主体に関わる「精神的エコロジー」、そうした三つの要素を有機的に考えていくことこそが重要なことであり、現状の解決をもたらすのではないか。

タコのエピソードを持ち出し、三つの「エコロジー」を提案したのは、思想家のフェリックス・ガタリである。彼は、三つのエコロジーを「エコゾフィー」という造語でまとめることを提案している。

「地球という惑星は、いま、激烈な科学技術による変容を経験しているのだが、ちょうどそれに見合うかたちで恐るべきエコロジー的アンバランスの現象が生じている。このエコロジー的アンバランスは、適当な治療がほどこされないならば、ついには地上における生命の存続をおびやかすものとなるだろう」[1]とガタリは述べている。また、具体的には「エコシステム、機械領域《メカノスフェール》、社会的・個人的な参照系といったものの相互作用を《横断的に》考えていく習慣をわれわれは身につけねばならないのである」[2]という。

言い換えれば、「精神」「社会」「環境」に対する行動の最適性がどこにあるのかを探っていかなければならない。つまり、何かをデザインするときに、これまでは、技術、経済的コスト、市場などいくつかの要件の中で最適性を求めなければならなかったわけだが、そこに、さらに「三つのエコロジー」という要件が加わったということだ。

たとえば、考えうるかぎりの高度の技術を駆使した「エアコン」を想定すると、経済的コストが高くなる。また、それを求める市場もかぎられてくる。したがって、それらの条件の中での最適なものを調整してデザインすることになる。そして、いまや、さらに「三つのエコロジー」という条件を入れて最適なものをデザインしなければならないということなのである。

サステイナブルなデザイン

環境問題に目が向けられるようになったのは、日本では、一九七〇年前後のことだから、それから四〇年ほどがたっていることになるが、実際に環境問題が深刻に語られ始めたのは、二〇〇〇年頃からのことだ。アル・ゴアの『不都合な真実』なども、要因のひとつになっているのだろう。

さて、環境問題についてデザインはどのような処方を出しているのだろうか。

本来、捨てるのが惜しい、捨てたくない、捨てる気になれないという気持ちにさせるようなデザインが良いに決まっている。ちなみに、動物の形態につくられた輪ゴム、アニマル・ラバー・バンドは、ほんのごくわずかなことだが多少なりとも使い捨てにしたくないという気持ちにさせるデザインのひとつかもしれない。

さまざまなデザインの処方が考えられるにしても、重要なことの要件は、どのようなデザイン的な処方も、さまざまな面においてサステイナブル（持続可能）であるということだろう。生産と消費との流れがサステイナブルであることはもちろん、デザインを手にした使用者が、たちまち捨ててしまいたくなるようなデザインでは、結局、廃棄物となってしまう。

また、デザイン的処方に使用者が納得し、さらにその考え方を他の人々に伝えていくことをうながすような情報も必要だろう。

処方の中でも代表的なものは、「リサイクル」である。これは久しく多様な方法で行われているので、一般的なものとなっている。しかし、リサイクル品を手にしたときに、すぐに捨てたくなるようなデザインであれば、これもまた、たちまち再び廃棄物になってしまう。

リサイクルを比較的早くから実践している企業のひとつにパタゴニアがある。クリーニングしたフリースを引き取り再生をしている。デザインとしては再生品であることはまったくわからない。また、製品の「フットプリント・クロニクル」をインターネットで発表している。たとえば「シンチラ・ベスト」の場合、一〇〇パーセント再生素材だが、この製品の「悪い点」は輸送にトラックを使って、二酸化炭素を排出している点であることも同時に示している。こうしたネガティブな情報を示すことで、その製品を使う人々に問題の所在を考える動機づけがなされるように思う。

分離可能なデザイン

以前、スウェーデンの自動車メーカーのボルボのリサイクル工場を取材したことがある。広大なスペースに古くなったボルボを集め、まず、一台ごとに、全体としてどの程度、部品などが回収できるか診断する。そうした上で、解体回収計画をつくる。そして、エンジンオイルやブレーキオイルなど液体状のものを抜く。このようにして、液体は使えるものとそうでないものに分類する。この液体を抜く作業を始めてから、ボルボでは、オイルタンクのデザインが、オイルを抜きやすいように変更された。

液体を抜いたクルマは、大きな工場に入れられ、部品ごとに分類され解体回収される。部品回収の箱をのぞくと、同じ部品ばかりが入っている。一〇年ほど前のことになるが、ボルボの鉄は五〇パーセントがリサイクルだということだった。

プラスティックは、さまざまな素材があるので、その素材ごとにやはり分類して回収する。また、たとえば、座席の構造体になっているプラスティックには、プラスティック素材のウレタンのクッションがつけられているのだが、これを回収するためには、構造体の硬質なエンジニアリング・プラスティックとクッションのウレタンを完全に分離し、剝離しなければならない。こうした作業をしていく中で、ボルボでは硬質プラスティックとウレタンとを簡単に剝離できる接着剤を使用することになった。

現在は、おそらくボルボのリサイクルはさらに進化しているだろう。興味深いのは、オイルを抜くためにタンクのデザインを変更したことなどをはじめ、リサイクルを促進するための新たなデザインが処方されていることだ。

また、混在しているさまざまな素材を分離することが、リサイクルの大きなテーマになるということだ。複雑に混ざり込んだ素材を分解し、もとの単一の素材にもどすことは、エントロピーの問題からしてもきわめて大きなエネルギーが必要になる。ちなみに、ボルボでは、プラスティックの部品はできるだけ素材別に分解できるようにデザインしているというが、一九九〇年代末の状況では、分解した素材は手作業で分別容器に入れていた。

分離をたやすくするデザインはきわめて有効性を持っている。

逆にいえば、いろいろなものが混ざり込んでしまった物質は、その分離がきわめて困難になる。これは、物質だけではない。情報も金融も同じことである。

エネルギーのコントロール

二酸化炭素排出の問題と直接的に関わっているものはクルマやエアコンなど数多くある。もっとも単純な装置は住まいのエアコンである。夏の暑さと冬の寒さをコントロールするには、太陽の熱をコントロールすることと、雨水の利用、空気の動きをつくることなどが基本となる。

多少の変動はあるものの、石油高騰が確実にすすむ中、木質燃料がより廉価なものとなった。薪を効率よく燃焼させると、大気汚染は石油やガスの三分の一以下に抑えられるという。機能性の高い薪ストーブであれば、九八パーセントほど燃焼し、残りが二酸化炭素などで排出されるともいわれている。また薪は中東から輸送する必要がなく、山の多い日本では近所から調達できるので、その分、二酸化炭素の軽減になる。

わたしの個人的経験では、二〇〇三年、長野県から公共施設で木質燃料を使ういわゆるペレット・ストーブの開発の協力を依頼され、世界初の手巻きゼンマイ式のペレット・ストーブを、建築家の佐藤重徳さんに依頼して実現した（図42）。いわゆるマンションでも使える薪ストーブである。

図42　佐藤重徳デザインによるゼンマイ式のペレット・ストーブ

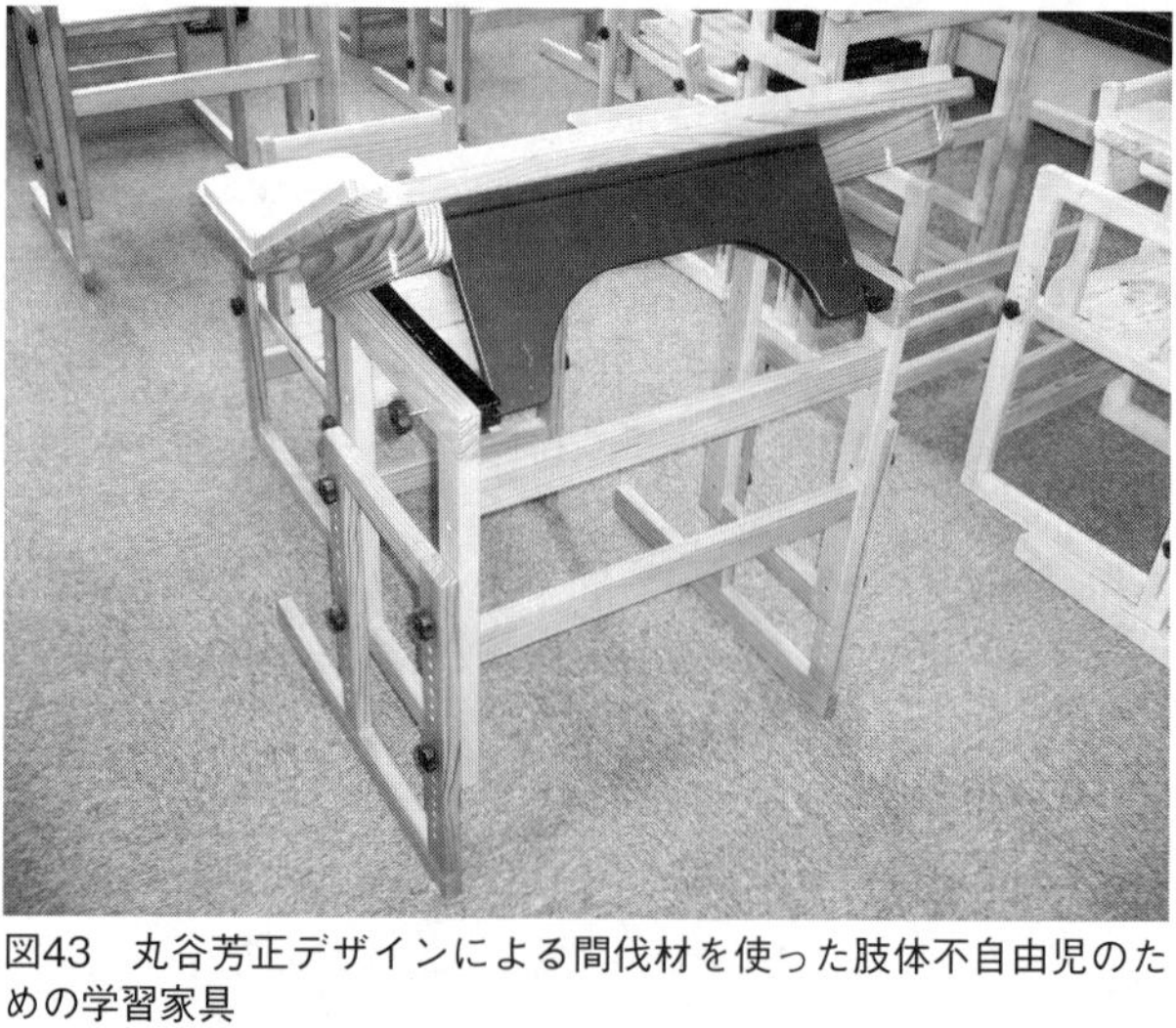

図43　丸谷芳正デザインによる間伐材を使った肢体不自由児のための学習家具

薪やペレットには、間伐材を利用する。薪やペレットへの間伐材利用は、他に使えない木材の最後の利用法である。長野でペレット・ストーブを開発したときに、同時に、さらに有効利用できる間伐材で、養護学校の生徒のための学習机と椅子（デザインは丸谷芳正）、そして木質ガードレールを開発した（図43）。ガードレールは、ぶつかったクルマの金属片も残らず、景観にもとけ込むものとなった。

このように見てくると、デザインによる環境への処方は無数にあるように思えてくる。しかし、いつも念頭に置いておかなければならないのは、これまでの産業的・経済的・市場的要件に加えて、「三つのエコロジー」、そしてもちろん、使い勝手などをふくめた要件の最適性をどのように求めていくかということである。

（1）、（2）　フェリックス・ガタリ『三つのエコロジー』杉村昌昭訳、大村書店、一九九一年。

第6章　デザインを決める具体的な要素

デザインを決定するには、すでにふれてきたように、社会的要因、経済的要因あるいは技術的、その他多様な要因があるけれど、ここではきわめて直截かつ具体的な「色彩」「素材」「ものと人間との関係」に目を向けておこう。もうひとつ重要な要素として「形」があげられるのだが、そのことについては、第1章の装飾や秩序に関連してふれているので、ここでは繰り返さない。

1　色彩

色彩はどんな感覚に結びついてきたのか

現在では、化学や光学によって調整されるので、気軽に色彩を扱うことが可能になり、またいたるところに色彩が氾濫している。

ふと考えてみると「形」に対して「色」は、はるかに捉えどころのないもののように思える。色は図形のように安定した形態を持っていない。ついでながら「香り」となると、さらに安定性のない一瞬の現象のように思える。香水師のような特別な仕事をしている人以外は、その現象をどのように記憶し、それを人に伝えるのかもわからない。

色彩が束の間の現象のように思えることを、哲学者のルードウィヒ・ウィトゲンシュタインはうまく捉えている。「私が一枚の紙について、それは純白なのだが、その紙が雪と並べられると、この紙が灰色に見えてくる、と言うとしても、その紙が普通の環境におかれているときには、やはり私はそれを明るい灰色とは呼ばず、当然白と呼ぶだろう(1)」というのである。

ウィトゲンシュタインがここでいっていることは、色彩の対比現象である。色は、隣に並べられる別の色によって、それぞれ異なって見える。こうした色彩の対比現象にふれて、E・H・ゴンブリッチは、「知覚上の相互作用の心理学的法則が初めて科学的に厳密に研究されたのは、色彩の分野にほかならない(2)」と指摘している。

同時対比の現象は、一九世紀、フランスの化学者ミシェル＝ウジェヌ・シュヴルールが発見したとされている。石鹼の製法の開発者としても知られるシュヴルールは、王立ゴブラン製造所の染織部で化学部門の専門家の一人として部長に任命された。そのときに、「用いたある顔料の質に関しての苦情を受け、その中のいくつかはまともな根拠によることがわかった。他の事例でも、染色の見本帳では不快とみなされる毛の生地が、苦情の出ない布ぎれとまったく同じであることもあった。それがきっかけで、たとえば『黒の力強さが足りないという苦情が隣接の配色によるものであり、色彩間の対比現象による』ことを発見したのである(3)」

対比現象は、色彩にかぎらず、形態においても起こる。ひとつの形は、隣にくる形によって影響を受ける。このことについては、ゴンブリッチは「ゲシュタルト理論」として紹介している。つまり「どの形象も、いわばきちんと見ることができないのは、諸感覚によって意味づけされるという私たちの感受性にすでになんらかの生得的特性があるから(4)」だという。

たしかに「色彩」は「形」よりも捉えどころのないもののようなのだが、それは「形」と同じほどに、あきらかにわたしたちの感覚や思考に深く関わっていることは間違いない。色彩は、物理学的現象あるいは、いまふれたように心理学的現象としてたびたび語られてきた。

ところで、ここで目を向けておきたいのは、色彩にまつわる、わたしたちの記憶や認識、そして想像力に関わっている色彩であり、いわば文化的現象としての色彩である。

色彩は形容詞

わたしたちは、色彩を分類し記録し記憶し、必要に応じて再現(同一の色を再現することを等色という）し、手なずけるためにさまざまな方法を使ってきた。それは、色を共通の言葉にしようとしてきたことと関わっている。

わたしたちは、色彩以外にも感覚や知覚に関わる現象を何とか手なずける方法を考案してきた。たとえば、音の場合、音符という形で手なずけ記憶し、再現可能なものにしようとしてきた。「匂い」は、いまだに一般的には手なずける方法がなさそうである。色彩の場合、たとえば色相（赤や青といった色合い）、明度（色の明るさの度合い）、彩度（色のあざやかさの度合い）という三つの属性によって記号で表記するアルバート・マンセル（一九世紀から二〇世紀初頭にかけてのアメリカの画家）の方法などを使ってきた。

ほかにもいくつかの色彩の表記法があるが、そうした表記法が考案されるずっと以前からわたしたちは色を記憶し操るために、「浅葱色《あさぎいろ》」「利休《りきゅう》ねずみ」といったように、さまざまな色名をつけてきた。色が言葉として語られると、色そのものが言葉として機能してしまうのである。その言葉によって、わたしたちは色彩を理解し把握することになる。

そして、面白いことに、色の名称（色名）を、わたしたちはたちまち「形容詞」として扱うようになる。これは、音楽の記号と似ているところがある。音符につけられている記号（ピアニッシモやフォルテなど）はほとんどが形容詞的である

色彩は形容詞として、わたしたちの感覚に結びついているといっていい。たとえば、

「黄色い声」、未熟さを表す「青」。また、色には年齢や性別が重ね合わされる。彩度の高い色は若い人、彩度の低い色は「地味」といわれ、老人の色とされている。赤は女の子の色。青は男の子の色といった具合である。

したがって、色は、それを見る人々のそれぞれの認識の問題だけではなく、わたしたちの社会や文化の問題に関わってくることがわかる。もちろん、そうした色彩の意味は、地域によって異なっている。

アスピリンの色・コカコーラの色

ひとたび色彩が形容詞として機能し、社会的な通念となるほどにその意味が安定してしまうと、それぞれの色彩は、その通念にしたがって使われることが少なくない。

では、色彩はどのような意味で使われているのか。これは個々の色彩の意味を事例として見ていくしかないだろう。

たとえば「緑」は、暖色の赤と寒色の青の間にあり、いわば中間色なので、曖昧な位置づけを持った色とされている。そして、つねに植物と結びつけられているので、生命的な意味を持たされる。したがって、若さや成長力などにも関わってくる。「みどりご」や「青二才」といったことも、そうした緑の意味と関連しているように思える。英語のグリーンも「若い」を意味している。

　また、緑色は爽やかな感覚と結びつけられるらしく、口にするものでは、ミント系のガムの色や、歯磨き粉、煙草のパッケージに使われる。ミントのイメージから沈静させるイメージが呼び起こされるのかもしれないのだが、薬では安定剤（トランキライザー）などに緑が使われる。バイエルの鎮痛剤アスピリンのパッケージは緑だ。

　安定という意味からさらに安全という意味に広がるとすれば、日本ではミドリ十字、学童用道路（グリーンベルト）のように、緑は安全と結びついている。

　ヨーロッパでは、会議室のテーブルなどにも緑が使われるが、一般的にはビリヤード台やポーカー・テーブル、カジノの賭博台に緑が使われる。それは「出そろいました。勝負です」という意味が緑にあるからだとされている。サッカー場や野球場のグリーンには、身体保護の意味もあるだろうが、やはり「フェアに勝負」の意味もあるのだろう。

　面白いことに、人の名前に色が使われる場合、日本では「緑」と「青」が多いようだ。ただし、「みどり」は女性（緑、美登里、翠など）、青は男性（青二、清治、青司など）が多い。

　では緑と混同される「青」はどのように使われているだろうか。緑と同様、「若い」という意味に使われる。また寒色であることから、「冷たさ」「涼しさ」「爽やかさ」といった意味合いと結びつくようだ。そこから、水道の温水の記号に暖色の赤が使われるのに対し、寒色の青が冷水に使われる。また、口にするものでは、緑よりも強い色として使われる。青のミントガムは緑色のミントガムよりさらにペパーミントが強い印象がある。ついでながら、ペパーミントは、口にするものだけではなく、シャンプーから香料にいたるまで使われる。青もまた緑同様、薬では鎮痛剤（セデスなど）のパッケージに使われる。

欧米では、古くはブルーは高貴な色と考えられていた。たとえばロイヤル・ブルー（藤色）といういい方がある。また、ブルー・ブラッド（青い血）は貴族の血統を意味している。ブルー・ブリック（石）・ユニヴァーシティという名称はイギリスでは、名門校のオックスフォードとケンブリッジのみに使われる。他は、レッド・ブリック（煉瓦）・ユニヴァーシティと呼ばれる。ブルー・リボンはイギリスではガーター勲章、映画では最高賞の意味となる。

日本の青は、ごく薄い浅葱色から、紺、藍、群青、瑠璃色などかなりバリエーションがある。そして、古くから藍染めの衣服から古伊万里、あるいは薩摩切子ガラスなどに使われてきた。青は日常生活にもっとも密着した色のひとつであり、それゆえ誰にも好まれる色のひとつとなってきた。その親しみからか、日本の組織のシンボル・マークやロゴタイプには、青が使われることが多い。たとえばＡＮＡ、ＳＵＮＴＯＲＹ、ＮＥＣ、ＫＤＤＩなどが青を使っている。

青と対比的に使われることの多い「赤」のほうはどうだろうか。乳児を「赤ちゃん」というが、赤は幼児が好きな色とされ、童謡の中で「赤い鼻緒のじょじょ」「赤い靴」などと歌われる。還暦のときに赤いちゃんちゃんこを着せるのは若返りの意味だろう。

赤はその派手さから青同様、若さを示すように思える一方、柿や林檎など熟すと赤くなる果実が多く、また紅葉などもそうだが、生命としては、若さのイメージよりも成熟したイメージに結びつくこともある。高齢者の自動車につける「もみじマーク」は、純粋な赤ではないが、そうした意味を持つのだろう。

沈静化した感じの青が安全だとすれば、赤は危険や緊急の意味に使われる。消防自動車から赤信号まで多用されている。

また、食べ物ではタコやエビなど熱すると赤くなるものが多いことに加えて、魚や肉など赤身のものが多い。そのせいか赤は食欲に結びつけられるようだ。小梅、ソーセージ、たらこ、生姜などは赤く染められる。また、肉屋や魚屋の照明には暖色系のものが使われる。さらに食品のパッケージの一部に赤を使うことが多いようだ。たとえば、「味の素」「コカコーラ」「キユーピーマヨネーズ」さらには日清をはじめ多くのカップ麺類、ＨＥＩＮＺの缶詰、ポテトチップの袋に赤が使われている。

日本では室町時代に入ってきた紅殻《べんがら》（弁柄。ベンガルに由来）を使う赤絵の陶磁器は藍の質素さに対して華やかなものとして受け入れられた。また、かつて日本では赤く染めた衣装は「禁色《きんじき》」として、高位の者にしか着用は認められなかった。したがって、赤は晴れやかなイメージと結びつけられている。

赤も青と同様、紅色、緋色、朱色、茜色などバリエーションが多く、親しみがあるせいか、青とならんで組織のシンボル・マークやロゴタイプに使われることが少なくない。たとえば、Ｃａｎｏｎ、ＦＵＪＩＴＳＵ、ＫＡＧＯＭＥのマークなどに赤が使われている。

最後にあらゆる色が混ざり込んでいるとされる「黒」についてふれておくと、暗く悪いイメージがある一方で、禁欲的かつ厳格さや格式を表す色として使われる。禁欲的であるがゆえに、欧米では、かつて電話やタイプライターなどオフィス用品に使われた。これは、一九世紀の産業ブルジョワジーが「禁欲」を表現する色として使ったことに始まるといわれている。

イギリスの男性用のスーツは、基本的に黒あるいは黒に近い紺色だ。フォーマルな衣服やクルマなどにも黒が使われる。それに結びついて、高級感を感じさせるようだ。高級なお菓子のパッケージや、ファッション・ブティックの紙袋などに黒が使われる。またカメラなどの精密機器などに使われることが多い。

こうした色彩に結びついた形容詞的感覚は、もちろん絶対的なものではなく、いくらでも例外はあるし、色彩は汎用性に富んでもいる。

いずれにしても、形容詞と結びついた色彩は、社会性を持っており、いわば共同幻想と結びついたわたしたちの記憶に関わってもいる。薬品から食品、そして家電やクルマなどの色彩は、それの持つイメージが考慮されている。また、企業や組織が色彩をいわゆる「コーポレート・カラー」として使うことも、そうしたことと関わっているからだ。

2　素材がデザインを生む

鉄とガラスとコンクリート

近代建築は鉄とガラスとコンクリート素材によって成り立ってきたということは、多く指摘されている。鉄は古くからあるが、強度のある鋼は一九世紀にヘンリー・ベッセマーが転炉を開発するまで大量には生産できなかった。

また、ガラスも古代から存在するけれど、安定性と強度のある板ガラスを大量に生産することが可能になるのは一九世紀から二〇世紀にかけてのことだ。

ついでながら、ガラスは不思議な素材でもある。この原稿を書いている二〇一一年二月、鹿児島の新燃岳の爆発的噴火が起こり、その空振（空気振動）で窓ガラスが割れたというニュースが流れた。ガラスはちょっとした衝撃ですぐに割れてしまう素材だ。ところが、ボートや自動車などさまざまなものに使われているグラスファイバーもまたガラスである。ガラス繊維は、同じ太さの鋼線よりも、引っ張りに強い。ガラス繊維を接着剤で束ねた素材がグラスファイバーだ。

素材として単なるソーダガラスは水に弱いが、比較的安定したソーダ石灰ガラスは、古代にすでに発見されている。現在では、硼素《ほうそ》を加えた耐熱ガラスなど、多くの種類のガラスがつくられている。(5)

コンクリートも古くからつくられていたが、鉄で補強したコンクリートは、フランスの庭師だったジョゼフ・モニエが一九世紀半ば頃に植木鉢をつくったことがひとつの契機になっている。その後、アメリカの建築業者ウイリアム・E・ワードが鉄筋コンクリート造りの自邸を一八七〇年代につくった。フランスでは一九〇三年にオーギュスト・ペレがパリのフランクリン街にコンクリート造りのアパートをつくっている。一八七〇年から一九〇〇年にかけて鉄筋コンクリートがにわかに発達した。また、コンクリートの素材となるポルトランド・セメントをアメリカが大量に生産したことを背景に、コンクリートは、近代建築の素材となっていった。

いずれにしても、鉄（鋼）、ガラスそしてコンクリートの製造方法と、その安定した強度のあるものの実現に、近代建築のデザインは大きく依拠したのである。人造石ともいえるコンクリートの使用によって、デザインは自在になった。建築史家のケネス・フランプトンは、「鉄筋コンクリート構造を建築言語の基本的な表現要素として使用したのはル・コルビュジエであった(6)」と述べている。

鉄とガラスとコンクリートを素材にすることで、それまでとは違って自在なデザインを実現した近代建築と同様、プロダクトもまた、二〇世紀以降、合板（プライウッド）あるいはアルミニウムなどの合金、そして何よりも膨大な数のプラスティックという素材を手に入れることで、自在なデザインを実現してきた。では、素材とデザインがどのように関わっているのかを見ておきたい。

デザインを自在にさせた合成樹脂と合板

プラスティック（合成樹脂）がつくられ始めたのは、一九世紀半ば頃からのことだ。当初は、象牙や黒檀などの自然素材の代用品として開発された。

たとえば、セルロイドはビリヤード用の象牙製のボールの代用品のために開発されたとされている。セルロイドが商標登録されたのは一八七〇年のことである。しかし、それはビリヤード・ボールにかぎらず、ほとんどどのような形状にも加工が可能であり、日用品や子どもの玩具などに使われることになる。そしてコダック社はフィルムに使うことになる。セルロイドは発火性があり、やがて姿を消していくが、その後のプラスティック開発への重要な契機になった。ついでながら現在でもピンポン玉だけはセルロイドが使われている。それ以外では性能が落ちるのだ。もちろん、セルロイドに代わる、発火性のない新しいプラスティック製のピンポン球がやがて、普及するだろう。

セルロイドとともに初期のプラスティックとして重要なものは、一連の熱硬化性プラスティックの最初のものとなったベークライトである。ベークライトがレオ・ベークランドによって開発され工業的に生産され始めたのは一九〇七年のことだ。電流を絶縁し、熱にも酸にも強く、さまざまな色彩が可能なベークライトは、二〇年代から三〇年代のアール・デコのスタイルの多くの日用品に利用されることになる。なかでも、ラジオはベークライトを使うことで、それまでの木製の家具のようなデザインから解放され、自在な形態と色彩でデザインされることになった。

ラジオやテレビなどのように、それまでに存在しなかったもののデザインは、それまでに存在しているもののデザインを引用することから始まる。室内に置くほかのもの、つまり家具である。自動車も同様だ。当初、自動車は馬車のデザインを踏襲していた。

さて、プラスティックについては、後ほど再度検討することとして、セルロイドやベークライトが開発された時代にもうひとつ開発された素材に合板（プライウッド）がある。合板は一九世紀前半にドイツで開発されたとされているが、本格的に工業生産されたのは、一九〇五年のことだ。オレゴン州のカールソン合板工場開設によって生産が始まった。合板もまた、プラスティックほどではないにしても、ある程度自在に形状を加工することができる素材であった。

たとえば、アルヴァ・アアルトは、サナトリウム用の椅子「パイミオ」を一九三一年にデザインしている。これは合板を成形してつくられた。成形合板は、流れるようになめらかな形状とともに強度を実現している。アームと脚を一体化し、しかもごく薄い部材で強度を持たせている。このような軽やかなデザインは無垢の木材では不可能である。

プラスティックとともに合板の研究は、第二次世界大戦中にアメリカでさかんに行われた。よく知られているものとしては、一九四二年にチャールズ・イームズがアメリカ海軍のためにデザインした成形合板の添え木である。薄い部材で軽量化され、しかもスタッキングできるので運搬が簡単であり、その形態は人間の脚に沿ってオーガニックにデザインされている。こうしたデザインは、プラスティック以外では合板でしか実現しえなかった。

そして、戦後一九五〇年代には、イームズ、アルネ・ヤコブセンそして柳宗理《むねみち》など実に多くのデザイナーが成形合板の椅子をデザインすることになる。いかに合板が自在な形状を実現することが可能であり、また強度のある素材であったかが理解できる。

ベークライトにしても合板にしても、それまでの道具や家具のデザインをまったく変えてしまったといえる。また、二〇世紀以降、デザイナーは自在にデザインできる素材につねに目を向けてきた。それまで不可能であったデザインが新素材によって実現可能になるからだ。

戦闘機のラップからサイボーグ服まで

第二次大戦中から戦後にかけて、新たなプラスティックが開発され続けた。デュポン、3M、ダウケミカルといった企業が次々に新たな素材を開発している。ナイロン、テフロン、マイラー、ポリエチレン・テレフタレート（PET）、塩化ポリビニール、ポリマーなどである。

第二次世界大戦以後、急速に広がったプラスティック繊維でもっともよく知られているのは、ナイロンだろう。スーザン・ジョナスとマリリン・ニセンソンによれば、(7)一九三〇年代後半には、アメリカはシルクのストッキングの最大の生産国になっていた。しかし、日本との戦争の可能性があり、ストッキングの素材であった日本産シルクの供給が断ち切られるおそれがあった。一九三五年、デュポン社のウォーレイス・カロザーズが溶かしたポリマーから薄い繊維ができることを発見した。この繊維はシルクの透明性と綿やウールの強靭さを持つものであった。その後、機械織りの研究を行った。

この新素材の名称だが、カロザーズたちは、強い繊維なので、名称を「ノー・ラン(NO RUN、破けほつれない)」に決定した。だが実際にはほつれてしまった。そこで、名称のバリエーションを考えた。「ヌロン(NURON)」という響きでは脳「NEURON(神経細胞)」のようで気味が悪い。「NULON」では特許名として平凡だ。結局、「NYLON」に決定した。

第二次世界大戦中はストッキングがなくなり、女性たちは、脚に色を塗り眉墨でシームを描いたという。そして、一九三九年のニューヨーク万博で、デュポン社は、美しいドレスと薄いストッキングを履いた「ミス・ケミストリー」というニックネームの四人の女性によるショーを行った。そして、一九四〇年五月、ストッキングを発売した。発売日には膨大な数の人で混乱した。ニューヨークでは初日で七万二〇〇〇足が売れた。以後、日本のシルク市場は落ち込んでいくことになる。

ちなみに、塩化ポリビニールは当初「サラン」という名称のラップ用素材としてデザインされ、わたしたちの生活に浸透した。サラン・ラップは水分や塩分に強い。そこで航空母艦に積載される戦闘機もサラン・ラップで覆われることになる。ラップをはずせば即座に戦闘態勢に入れるのだ。そういえば、かつてアメリカの高級音響機器はショップではサラン・ラップにくるまれて展示されていた。

ラップのようにそれ自体はデザインとして特徴を持たないが、それゆえに多様なものに対応するプロダクトが、プラスティックで多々実現されている。

たとえば、一九九四年、ボシュロムで開発されたスポーツ用サングラス「エクストゥリーム　プロ」（キラー・ループ）は、本体はポリカーボネートのレンズとメゴルを使い、軽量で強靭なものとなっている。また、サングラスの構成パーツの数を激減させるデザインを実現している。そしてレンズをダイアモンドハード（Diamond Hard）でコーティングした。このコーティング材はプラスティックである。ダイアモンドハードという素材は通常ＤＬＣ（diamondlike carbon）と呼ばれている。〇・五から五マイクロメートル（一マイクロメートル＝一〇〇〇分の一ミリ）の厚さで、引っ掻き傷や化学物質や水の浸透を防御できる。このコーティング素材もラッピング素材同様、それ自体のデザインとしては特性を持たないがさまざまなものに対応する。こうした素材ができることによって、ガラスに比べて傷

図44　クーパー・ヒューイット国立デザイン・ミュージアム『Extreme Textiles: Design for High Performance』展の展示

つきやすく、化学物質に弱いプラスティック・レンズを使った眼鏡や、そのほかのプラスティック製品を強化することができ、たやすくデザインすることが可能になる。

二〇〇五年にクーパー・ヒューイット国立デザイン・ミュージアムで『Extreme Textiles:Design for High Performance』という展覧会が開催された（図44）。人工血管や宇宙服、そして新しい弦楽器の弦などさまざまな新素材によるプロダクトが紹介された。

医療関係についていえば、人工的器官の代表的なものに、いわば人工腎臓とでもいうべき「透析器」がある。これは、身体の内部に組み込むのではなく、外部に設置して、血液の浄化をする装置である。透析器が動物に試験的に使われたのは一九一〇年のことだといわれている。

透析は溶質分子が膜を通って移動する現象である。溶質の移動は濃度差によって起こる。人工的な腎臓として使われる透析器は、透析膜を通して静脈の血液の中の尿素や老廃物を取り除く。したがって、老廃物を通過させずに、必要な物質を通す孔を持つ合成高分子膜が使われる。素人目には、プラスティックのパイプにしか見えない。パイプの中には微細な繊維が詰まっている。したがって、どこから見てもこれが人工器官だとは思えない。

プラスティックという物質と身体の器官とはあまりにもかけ離れている印象がある。しかし、透析器だけでなく、身体の人工器官にはかなりプラスティックが使われているようだ。ゴアテックスやダクロン・ニットを使った人工血管がある。また関節部分には時としてポリプロピレンなどが使われてきた。

また、点滴の管や、輸血用のバッグ、さらには注射器なども、いわば身体の外部にあって補助的な器官の働きをする。それらもまたプラスティックが多用されている。使い捨てや滅菌に適しているからだ。今日、わたしたちは、大きな病気をすると、多数のプラスティックの外部器官をつけることになるだろう。それを想像すると、やがて、わたしたちの身体のすべてがプラスティックに置き換わってしまうというSF的なイメージが浮かんでくる。

それにしても、代用品の器官を見ると、人間の身体器官がいかに複雑で繊細な働きをする装置であるか、驚異を感じる。

また、医療の領域ではないが、身体を防護する宇宙服のデザインは、人間をいわばサイボーグ化するものだといえるだろう。宇宙服は、温度をコントロールし酸素を供給し排泄物を処理し、高温を遮断するなどさまざまな機能を持ち、人間の機能を拡張する装置である。そのデザインはテフロンやナイロンなど多様なプラスティックによって実現されている。まさに人間をサイバネティック・オーガニズム（cybernetic organism）つまりサイボーグ（cyborg）化する装置である。

素材の組み合わせ

一九五〇年代に普及したタッパーウェアはプラスティックの密封性を利用している。九〇年代にデザインされたナイキの「エア」もプラスティックの機密性によっている。密度が高くしかもウレタンよりも大きな粒子のガスをウレタンで密封すればガスが抜けることはない。これまで、スポーツ・シューズのクッションは発泡材を使っていたのだが、固体なので重量がある。これをガスに換えてしまえば重量が圧倒的に軽減できる。素材の組み合わせもまた大きな意味を持つということだ。

このほかにもポリマーを使ったゼリー状の「ジェル」や環境への負荷を軽減する生分解性プラスティック（微生物によって分解されるプラスティック）などが最近は出現してきている。こうした素材を使ったプロダクトが今後も開発されるだろう。

また、プラスティック以外の素材としてはセラミックなどがある。京セラでは、一九九〇年代にセラミックを使ったタービン・ローターなどをつくっている。セラミックは金属よりも摩耗が少ないのでこうしたプロダクトには有効である。

日々、数々の新素材が開発されている。何に使えるかわからないものもあるが、デザインはその使い方をたちまち発見する。また、新たなデザインのために新たな素材の開発が行われている。素材こそ、現代のデザインを支配する重要な要素となっているのである。

3 ものと人間との相互作用

相手を対象化する

まず、自分の右手と左手を握り合わせてみよう。ただこれだけのことで、たちまち解決のつかない謎が広がる。つまり、こうしたときに、わたしの右手は左手に握られているのだろうか、あるいは、左手が右手に握られているのだろうかという謎である。左右に分裂し、わたしの中に、互いに対象化するわたしがいる。話はちょっとややこしくなる。

ボールペンを握るわたしは、ボールペンを対象物として、それがある（存在する）ことを認識する。同時に、わたしの指先は、変ないい方だけれどボールペンによって対象化されている。そのことで、わたしがいる（存在する）ことを感じる。同じことだけれど、歩いていて、何かにつまずくと、足もとの物体に気づくと同時に、その瞬間痛みを感ずる自分がいることを認識する。

このことと関連するが、内科医の熊谷晋一郎は『リハビリの夜[8]』の中で、ものと自分との関係、他者と自分との関係について、自らの体験に基づいて鮮明に語っている。熊谷は、生まれたときに母胎の胎盤に異常があったために、出産時に酸欠になり、脳の「随意的な運動」をつかさどる部分のダメージを受けた（脳性まひ）。そして、物心つく以前から一八歳になるまで、毎日リハビリを受け、夏休みには山のなかにある施設で、リハビリの強化キャンプに参加した。

キャンプでは、健常な身体運動を取り戻すための訓練が行われる。トレーナーによるリハビリは、彼にとって「痛みと怯えと怒り」でしかなかった。それは、トレーナーと訓練者との間に「ほどきつつ拾い合う関係」が成立せず、加害と被害の関係しかないからだったのだという。そして、トレーナーから解放された夜、身体のこわばりがほどけていく快楽を感じたと述べている。

結論からいえば、そうした一連の訓練を続けたが結果としては、熊谷は健常な身体運動を取り戻すことはできなかった。

大学の医学部に進学した彼は、独り暮らしを始める。トイレにいくことも着替えをすることも、風呂に入ることも車椅子に乗ることも一人ではできない人間の独り暮らしである。しかし、「人手を自ら調達しながら主体的に暮らす」ことによって、しだいに、道具や装置あるいは他者との関係の中で、生きていくことができることを実感していく。こうした関係を「協応構造」と熊谷はいう。

研修医となって一年目は、採血や点滴などに苦労する。しかし、やがて健常な動きはできないが、結果として、異なったやり方でも、目的を達成すればよいということを認識する。そして、医療行為もチームワークの融合関係によって実践されればいいということに気づく。彼は、世界を関係性で見ようとする柔らかな思考と感覚を獲得していく。そうした思考や感覚によって、自己を見つめることで、健常者は気づきにくい、人間の行動や身の回りの生活環境を実に細やかに分析して捉え直して見せてくれる。

たとえば、二本の足で立って歩くことができない子どものときから、床を這って身体を移動させる。そこから、床が自分の行為を支えているという感覚が自分の中に広がっていく。つまり床（もの）と自分との相互に対象的な関係が意識されるのである。また、他者という「人手を自ら調達しながら主体的に暮らす」ことや、他者との協働によって仕事を成立させるとき、そこに「協応構造」の関係が生まれる。彼がいう「協応構造」の関係とは、他者と自分との相互に対象的な関係でもある。支配と被支配の関係ではない。それは、左手と右手の握り合う関係と似ている。そうしたことを、彼が鮮明に認識できるのは、自身の不自由な身体を自ら見つめるまなざしを持っているからなのだろう。

人と人との関係と同じように、人とものとの関係も、支配と被支配というどちらかが一方的に支配するというのではなく、お互いに何かの力を及ぼしていることがわかる。とすれば、わたしたちはもの（デザイン）を使ってそれらを支配しているだけではなく、もの（デザイン）によって何らかの影響を及ぼされているといっていいだろう。もの（デザイン）によってさまざまな行為や生活が変化するということでもある。

デザインを決定するには、ものと人間とのこうした関係性が重要な要素としてあることが認識されるべきだろう。そうしたことに関連する具体的な例を見ておこう。

デザインによる改宗

文化人類学者のクロード＝レヴィ・ストロースの『悲しき熱帯』(9)には、興味深い記述がある。南米のボロロ・インディアンをキリスト教に改宗させようとしたサレジオ会の宣教師たちは、住まいの配置、つまりデザインを変更することで改宗できることに気づいたというのである。

ボロロ族の住まいは、それぞれの家族が車輪のように円形に配置されていた。こうした配置（レイアウト）の住まいに生活し続けるかぎり、ボロロ族の社会生活や儀礼の慣行は変化しないと、サレジオ会の宣教師は見抜いたのである。そこで、この住まいを破壊し、グリッド状に構成し直したのである。このことによって「急速に仕来りの感覚を失っていった」というのだ。そして、たちまちキリスト教に改宗することになったのである。つまり、住まいのデザインの変更をすることによって、南米のボロロ族の意識をヨーロッパのキリスト教的なものに変えてしまうことが可能になったのだ。

似たようなことだけれど、第二次世界大戦後、アメリカは、アメリカ的な生活用品を日本に持ち込むことで、日本人の生活をアメリカン・ウェイ・オブ・ライフ化することに成功した。

一九四六年から四八年にかけて、GHQは、日本と韓国に進駐している二万世帯のアメリカ軍家族向けの住宅そして生活用品（家具・家電製品など）を日本で生産した。

GHQは、進駐軍家族向けの住宅およびその設備を、商工省（現・経済産業省）を通して、日本の組織に製作させた。もちろん、その資金、技術、デザインはアメリカが提供する形で行われた。家具は商工省工芸指導所（現・産業技術総合研究所）、家電製品は三菱、東芝などが製作を担当した。デザインに関してはGHQデザインブランチの担当官クルーズ少佐の指導のもとに、それらがデザインされた。

家具は衣服ダンス、長椅子、食卓セットなど三〇品目。家電製品はパーコレーター、電気洗濯機、冷蔵庫、電気レンジなどが製作された。

これらの製品は、銀座和光のショウ・ウインドウに陳列され、日本人に羨望の目で見られた。そうした家電製品は、進駐軍家族向けの生産が終わった後も、各メーカーで生産され続けることになる。それらは日本人の家庭にとどけられることになった。

GHQ向けのデザインによる家電製品を受け入れたわたしたちは、ほんの少し前まで敵国であったアメリカがたちまち好きになり、さらにはアメリカン・ウェイ・オブ・ライフへと自身の生活様式を変えていくことになった。つまり、この場合、道具（デザイン）の変化は、行為の変化をうながすとともに、そのデザインによって、アメリカ的なライフスタイル、すなわち文化の「様式」の受容をうながすことになる。様式とは、ひとまとまりの思考方法や感覚のあり方に関わっている。たとえば、ある思想を身につけるということは、ある思考の様式を身につけることにほかならない。

現在、わたしたち日本の生活は少なくとも二〇パーセント以上は、アメリカ的ではないかと、わたしは感じている。ブルージーンズを履き、Tシャツやスニーカーを身につけているのだから。

アメリカは、第二次世界大戦のときに、史上はじめての「持ち込み方式の戦争」を行った。つまり、それまでの現地調達（略奪）をせず、あらゆる日用品を持ち込んだ。そして、トイレットペーパーやシェーバーなど、持ち込んだ日用品を現地に置いてきた。それは、置き去りにしたアメリカの日用品を手にした現地の人々が、たちまちアメリカ的生活を好むだろうということが戦略としてあったからだ。これこそが当時のアメリカのデザイン戦略であった。

明治維新以降、たちまち日本人が西欧の生活文化を受け入れていったのは、英語やフランス語の知識があったからではない。衣服や日用品など、すべて欧米のもの（デザイン）によってである。

次に、もの（デザイン）による特定の地域や国の文化の様式の受容あるいは、それによる変化ということではなく、もの（デザイン）による行動や行為の変化ということについて、いくつかの例を対象に目を向けてみよう。

移動装置（デザイン）が生活を変化させる

後輪駆動のペダル式自転車は、一八三九年にスコットランドのカークパトリック・マクミランがつくったとされている。また、前輪軸に直接クランクを取り付けたペダル式自転車は一八六一年にフランスのピエール・ミショーによって製作された。チェーンドライブの後輪式自転車は、一八七九年、イギリスのハリー・J・ローソンによって開発された。いずれにしても自転車が本格的につくられ始めたのは、一九世紀のことだ。

そして、自転車は男性だけでなく、たちまち女性もさかんに使うようになる。女性にとって自転車に乗れるようになるということは、自力で遠方まで移動できる手段を手にいれるということであった。その結果、女性たちは、家の中に閉じこもることなく、解放的な生活を体験することになった。自転車という装置（デザイン）は、女性の生活とともにその感覚を大きく変化させたのである。

自動車によるモータリゼーションがもっとも早く実現したのはアメリカである。一九二〇年代のことだ。クルマが普及していくことによって、たちまち国道沿いにホットドッグ・スタンドやダイナやさまざまな商業施設が増殖していったと、フレデリック・L・アレンは『オンリー・イエスタデイ』で述べている。また、自分の住んでいる町から離れて逢い引きするカップルのためにモーテルも出現する。クルマは自転車以上に人々のライフスタイルを変化させ、都市の姿まで変えてしまった。

自転車や自動車といった移動手段だけがわたしたちの生活を変化させるわけではない。ありとあらゆるもの（デザイン）は、生活を変えてしまう可能性を持っている。小さなものに目を向けてみよう。

筆記具が与える影響

鉛筆がすぐれた筆記具であることは間違いない。すった墨をつける筆や、インクをつけながら書くペンよりも鉛筆は、はるかに簡便かつ長時間、書き続けることができる。エジソンはこの簡便な筆記具である鉛筆を数千本注文し、いつもベストのポケットに入れていたという。簡便な筆記具は、わたしたちが物事を考えたり記憶することを助けてくれる。

鉛と錫の合金によってつくった筆記具は古くからつくられていた。一六世紀初頭に、イギリスで良質の黒鉛（イングリッシュ・アンチモニー）の芯を使った鉛筆がつくられるようになる。フランスでは、イギリスから黒鉛を輸入して鉛筆をつくっていた。ところが、一七九三年フランスとイギリスとの戦争が勃発し、イギリスのボローデール産の黒鉛がフランスに入って来なくなってしまった。その結果、情報の管理の効率が悪化する。また教育水準も悪化した。

鉛筆が使われるようになったときには、それが生活にもたらした変化には気づかなかったのだが、それがなくなると、情報管理や教育効率の悪化として変化があらわれる。そのことではじめて鉛筆というもの（デザイン）のもたらす生活への影響に気づくというわけである。こうした現象は、鉛筆にかぎらない。あらゆるもの（デザイン）に関わっている。

そこで、フランスは黒鉛と粘土を混ぜて高温で熱してつくる芯の開発をすることになる。開発者はニコラ＝ジャック・コンテである。いまだに、筆記具の名称にコンテの名前が残っている。

カトラリーと食事文化

日本では、伝統的にスプーンを使ってこなかった。ヨーロッパにはもちろんスプーンがある。中国では「散り蓮華」と呼ばれるスプーンがある。韓国には、箸（チョッカラック）とスプーン（スッカラック）がある。

スプーンを持たないわたしたちの食事では、ご飯茶碗や汁椀を左手で持ち、口に運ぶことになる。スプーンのあるヨーロッパやアジアの食事では、食器を手で持つことはない。それは不作法にあたる。

また、ヨーロッパでは汁（スープ）を食するのにナイフやフォークを使わない。スプーンだけを使う。したがって、スープの具がスプーンに載らないほど大きい場合、それを口にすることができない。つまり、歯で噛み切ることはマナーに反するからだ。汁椀でスープ類を食べるわたしたちは、スプーンのボウル（すくう部分をボウルという）よりも大きくても、まったく問題なく、汁椀から啜ってしまう。食器やカトラリーのデザインの違いは、食事の仕方、そして料理の方法にも影響を与える。してみれば、道具のデザインはまさに行為や生活を規定し、変化させるのだといえるだろう。

関係性を考える

すでに見てきたように、自転車や自動車の出現は、あきらかにわたしたちの行動、そして生活に変化を及ぼしたことは間違いない。一九六〇年代に、カナダのマーシャル・マクルーハンは、あらゆるものをメディアへとアナロジーさせながら、メディアの変化がいかにわたしたちの思考や感覚を変化させるかということを刺激的に論じた。彼が述べるメディアの変化とは、また技術の変化ともかさなりあっている。

字義どおりのメディアについていうなら、グーテンベルクによって、一五世紀に発明された活版印刷術によって、聖書が普及したことによって少なからぬ変化が起こったことは、典型的な事例である。聖書の普及は、神の言葉（聖書）を独占していた教会の権威を揺るがすことになる。これは活字というメディアがもたらした変化のひとつである。

マクルーハンは、活字（印刷術）をめぐって引き起こされた変化を次々にあげていく。たとえば、「印刷術はラテン語を純粋にした結果、それを消滅させてしまった」、あるいは「印刷は画一的な国民生活や、中央集権主義的政府を生み出したが、同時に個人主義や反政府的態度も生み出した」[10]といった分析的解釈を述べている。

その後の、ラジオやテレビそして今日の携帯電話がどれほどわたしたちの思考や感覚、そして社会を変化させたか。携帯電話は、電話のある固定された空間からわたしたちを解放し、さらに人々の個人化を一気に推し進め、日々のさまざまな生活習慣をも大きく変化させた。

こうした字義どおりのメディアと同じように、自転車や自動車あるいは家具や家電もまた、わたしたちの生活を変化させてきたことは間違いない。

技術あるいはメディアの変化こそが、わたしたちの思考や感覚、生活や社会のあり方を変えるのだというマクルーハンの視点は、大変刺激的なものである。しかし、生活や社会に先だって、技術の変化があるとする視点は、時として「技術決定論」に陥る。実際には、生活や社会と技術あるいはものとの関係は相互の関係にある。それは、本節の冒頭にふれたように、ものと人間が相互対象の関係にあることと関わっている。とはいえ、「技術決定論」的視点が持つ魅力は否定しえない。

デザインを考えることは、ものと人間の関係をどう考えるのか、あるいはものともの、人間と人間の関係をどう扱っていくのかということを考えることだともいえるだろう。

（1）ルードウィヒ・ウィトゲンシュタイン『色彩について』中村昇・瀬嶋貞徳訳、新書館、一九九七年。
（2）、（3）、（4）E・H・ゴンブリッチ『装飾芸術論』白石和也訳、岩崎美術社、一九八九年。
E. H. Gombrich, *THE SENSE OF ORDER: A study in the psychology of decorative art*, PHAIDON, 1984.
（5）ジェームズ・トレフィル『ビルはどこまで高くできるか』出口敦訳、翔泳社、一九九四年。
（6）ケネス・フランプトン『現代建築史』中村敏男訳、青土社、二〇〇三年。
（7）Susan Jonas & Marilyn Nissenson, *Going Going Gone: Vanishing Americana*, Chronicle Books, 1994.
（8）熊谷晋一郎『リハビリの夜』医学書院、二〇〇九年。
（9）クロード・レヴィ＝ストロース『悲しき熱帯』川田順造訳、中央公論社、一九七七年。
（10）マーシャル・マクルーハン『グーテンベルクの銀河系―活字人間の形成』森常治訳、みすず書房、一九八六年。

第7章　趣味とデザイン

趣味をめぐるいくつかの発言

「趣味」は、音楽を聴くことや読書といった個人の好み、あるいは楽しみにしていることを意味している。また、同時に、「趣味」は「感覚」に関わる判断のあり方を意味している。デザインという領域における趣味とは、いったいどのように考えられてきたのだろうか。前者の楽しみに関わる趣味は、英語ではホビー、そして判断に関わるものはテイストということになる。ここでは、テイストとしての趣味に目を向けておきたい。

一九八三年に、ロンドンの「ボイラー・ハウス」で、『趣味』という展覧会が開催された。展覧会のサブタイトルには、「デザインにおける価値についての展覧会」とある。この「ボイラー・ハウス」について少々ふれておこう。

一九九〇年代、ロンドンのテムズ川河口に位置するドックランド地区にデザイン・ミュージアムがつくられた。ここでは、二〇世紀以降のデザインがコレクションされ、それ以前のものは、ヴィクトリア・アンド・アルバート・ミュージアム（V&A）がコレクションするというふれこみで、開館した。実際には、V&Aには、現在かなり充実した二〇世紀以降のコレクションがある。

デザイン・ミュージアムがつくられたひとつの経緯は、一九八〇年代に、新しいデザインをテーマにした展覧会を開催するにあたって、V&Aのスペースが手狭になり、同館のボイラー・ハウスを使っていたことに始まる。新しいデザイン・ミュージアムをつくり、ボイラー・ハウスでの活動をそちらに移すという計画が出現し、その結果、新しいミュージアムがつくられた。デザイン・ミュージアム設立の経緯は、たぶんそれ以外の要因もあっただろう。

　ボイラー・ハウスでの催しは「ボイラー・ハウス・プロジェクト」という名称のもとに展開された。結局わたしは、その催しを実際に見ることはできなかったが、関連する刊行物を見るかぎり興味深いものであったようだ。この活動、そしてデザイン・ミュージアム設立には、日本ではコンラン・ショップで知られるようになったコンラン財団が少なからず関わっていた。また当初、一連の活動のディレクターとして、ステファン（スティーブン）・ベイリイが関わり、ミュージアム開設にも力を注いだ。

『趣味』展も「ボイラー・ハウス・プロジェクト」のひとつで、この展覧会にあわせて刊行された小冊子『趣味』も、ベイリイの編集で、著作権者にはコンラン財団がクレジットされている[1]。この小冊子は、建築家のアドルフ・ロースや思想家のハーバート・リード、デザイン史家のニコラウス・ペヴスナーらの「趣味」について語った短いエッセイが、アンソロジーとして載録されている。ベイリイによる前書き「趣味とデザイン」は、デザインの領域で趣味がどのように考えられてきたのかについて、いくつか興味深い指摘をしている。

ベイリイは、古いラテン語の常套句「De gustibus non est disputandum（趣味についての議論はない）」を紹介するとともに、「趣味は、デザインについて判断するプロセスのひとつである」と述べている。こうした判断をするために、わたしたちがつくってきた知識の多くは、数世紀にわたって蓄積されてきた。そして、この展覧会は、趣味による判断がどのように行われてきたのかを示すものだという。

そして、ベイリイは、「趣味」という概念を歴史的にたどっている。それによれば、イギリスにおいては、「良い趣味」というのは、「健全な判断力」（サウンド・アンダースタンディング）といった意味で、一七世紀のはじめにあらわれた。しかし、美学的眼識の概念が一七世紀末にイギリスに入るまで、「趣味」とはいわなかった。スペインの神学者バルタサル・グラシアンが一六四七年に、El Oráculo Manual y Arte de Prudencia（『処世神託』あるいは『分別の術（アート）』）という書物を刊行し、グラシアンはgusto relevante（適切な趣味）という用語を使った。それがフランス語のle goût fin（良い趣味）として翻訳された。そしてそれが、一六八五年、「趣のある批評的判断」としてイギリスに及んだ。

趣味という概念は、フランスから来たと思われる。フランスでは、それはしばしば、サロンでの上品な議論の話題であった。イギリスでは、Virtuosi つまり、芸術や文学、古代美術や科学に慣れ親しんだ紳士たちによって、それは取り上げられた。彼らにとって、大文字のTによって綴られる趣味 Taste は、彼らが求めるものであり、そこに彼らの成功の基準を見つけるための道しるべであった。したがって、それが「処世」の術と関わっていたことがうかがえる。

一八世紀のはじめまでには、「趣味」は文学についてのエッセイではよく知られるものになったのだとベイリイは述べている。さらに、ベイリイによれば、スコットランド出身の一八世紀の哲学者デイヴィッド・ヒュームが、「趣味」をあらゆる美あるいは不格好なものに対する「識別能力」（センシビリティ）として定義したのだという。また、イギリスのロイヤル・アカデミーの初代会長として知られる一八世紀の画家ジョシュア・レイノルズは、「才能」が制作の要因を増加させることを除けば、「才能」と「趣味」は近しく同様のものだと考えた。レイノルズのようなアカデミックな画家にとっては、「趣味」は「理性」の領域にあるという。

レイノルズは、学んだ美術の原則を固く信じていた。それはけして忘れることのできないものであり、仲間たちとともに自分たちの好みをいかに正当化するかという、一八世紀の思考に関わっていた。

美は対象に固有なものであるとともに、見る側の主観に関わるとするヒュームの考え方は、カントの普遍的な美学的判断とは対立するものだったとベイリイは指摘する。

趣味は、かつてはどうやら処世と関わるいわば身の処し方の問題だったようだが、やがて美術などの対象物への評価の基準になったということだ。

ベイリイは、ここでカントについてそれ以上の言及はしていない。その代わりに、ベイリイは、ヒュームもカントも、時代の進展とは関わらない仕事であり、一九世紀の生産の激増を予見することができなかったという。つまり、生産の激増は、社会のあらゆる階級の人々を消費者にし、それまでサロンの中での問題だった「趣味」をその外の問題にし、人々をそうした「趣味」の問題へと向かわせ、また街頭へと向かわせた。そして、製造業者は、その後ずっと甘受する苦闘、つまりデザインをいかにするかというテーマへとつれこまれることになったのだと述べている。

一九世紀以降、現在のもの（商品）あるいはデザインにおける「趣味」もまた、ベイリイがいうように、たしかに、市場のあり方に関わり、流行や人為的なマーケティングによる操作と関わっている。そして、「良い趣味」と「悪趣味」が日常的にそれとなくものの価値判断の基準にされ続けることになる。ベイリイは、第一次世界大戦中、情報省でフランス向けのプロパガンダを担当したことでも知られるイギリスの小説家アーノルド・ベネットが「まったくの無趣味よりは悪趣味のほうがまだましだ」と述べたことを紹介している。それが市場にコントロールされたものであれ、「悪趣味」であれ「趣味」があるということは、たしかに、ある種の価値判断をする力があるということだ。

美学的判断としての趣味

ところで、ベイリイが、ヒュームと対比させてわずかにふれているカントの「趣味」については、『判断力批判』における「趣味判断」をさしていると思われる。ここで少々、カントによる「趣味」について見ておこう[2]。

カントは、「趣味」が快・不快あるいは美に関する「判断」に関わっているとして、次のように述べている。

快適に関する趣味判断は単なる個人的判断にすぎないが、これに反して美に関する趣味判断は普遍妥当的（公的）と称せられる判断である、その限りにおいて、私は前者の趣味を感覚的趣味と名づけ、また後者の趣味を反省的趣味と呼んでよいと思うのである。

つまり、快・不快についての趣味は個人的なことにとどまるのだが、美に関する趣味は、どうやら他人にも同意を求めるところがあるということだ。前者の感覚的趣味の「感覚」は、わかりやすくするために英語でいえば「センス」である。そして後者の反省的趣味の「反省的」は、「リフレクション」(熟考)である。カントの用語を多少わかりやすくするために、以下も平易だと思えるカタカナによる英語に言い換えておきたい。

そして、このふたつの「判断」(英語ではジャッジメント)はともに「美学的(実践的でない)判断にほかならない」という。どちらも実践的(プラクティカル)ではなく美学的(エッセティカル)な判断だというのである。そして、感覚的趣味による判断が普遍的(ユニヴァーサル)に妥当するものでないことは、経験的に知られている。他方、反省的趣味による判断はといえば、すべての人に妥当することを要求する。しかしながら、その要求はしばしば拒否されることも経験的に知られているとおりだ。にもかかわらず、反省的趣味は人々の同意を普遍的に要求しえるような判断であると思うことは、可能ではあるという。

美学的普遍性というのは、対象の(オブジェクティヴ)概念(コンセプト)に基づかないものであり、論理的普遍性とは異なるものであるということだ。つまり美学的普遍妥当性とは、主観的普遍妥当性であり、論理的普遍妥当性とは客観的普遍妥当性ということになる。つまり、主観的(サブジェクティヴ)と客観的(オブジェクティヴ)が対比されている。そして、客観的普遍妥当判断は、つねに主観も妥当する。一方、美学的判断は客観には関わらない。

ここで重要なことは、対象（オブジェクト）を概念（コンセプト）だけによって判定するならば、およそ美の表象はすべて失われてしまうことになる、ということだ。「趣味判断において要請されるところのものは、概念を介しない適意に関して与えられる普遍的賛成にほかならない」。この普遍的賛成は、ひとつの理念にほかならない。

すべての人が普遍的に関わり共有できるのは、認識（コグニション）と認識に属する表象（リプレゼンテーション）である。そして、それは、わたしたちの表象力が、与えられた表象を認識一般（ジェネラルなコグニション）に関係させるかぎり、わたしたちのそれぞれの表象力の相互における心的状態に関わっていることになる。

認識能力にはふたつのものがあり、ひとつは「構想力」、そしてもうひとつは「悟性」である。前者はつまり「イマジネーション」と言い換えていいだろう。後者は「アンダースタンディング」。このふたつが認識一般を成り立たせる。つまり、すべての人が普遍的に関わることのできる状態とは、この「構想力」（イマジネーション）と「悟性」（アンダースタンディング）の調和による「自由な遊びにおける心的状態」にほかならない。「構想力」と「悟性」を調和させるのは、感覚である。

こうした「趣味の原則」によって「美」を論証することはできない。できはしないが、それについて議論することは許されるし、議論すべきである。そのことによってわたしたちの「趣味判断」を修正したり、拡張することができる。

実に乱暴かつ大ざっぱにだけれど、カントによる「趣味」という「判断」力についての議論を見てきた。一言でいえば、「趣味」とは「美」を判断する能力であり、それは「主観的」なものであり、つまり、概念に関わらない普遍的に伝えることのできる表象のうちにあって、感情による判断の能力である。

結局、「美」を判断する「趣味」を「確立するための真正な予備的訓練は、道徳的理念を展開し、道徳的感情を涵養するにあるということが明らかになる、真正の趣味は、感情が道徳的感情と一致せしめられる場合にのみ、一定不変の形式を帯びることができるからである」とカントは結論している。

受け手の美意識

カントは「趣味」という「判断能力」について、実に精密な議論を行っているが、それは道徳的感情ということに結びつけられているということでは、広げていえば生き方に関わっているといえるだろう。

カントは「美的判断」を「趣味」によっているとしている。わたしたちがデザインを判断する基準のひとつは「趣味」であることはたしかだ。これは、デザインをする側、つまりデザイナーにとっても、デザインするための基準になるけれど、むしろ、デザインを受け取る側、つまり使用者にとっての基準と考えると、「趣味」は「受け手の美意識」としてきわめて重要な要素としてある。

モダンデザインがいつから始まるのかということは、特定することはできないが、一九世紀後半のウイリアム・モリスによる活動は、モダンデザインの一面を特徴づけるものだといえるだろう。モリスは、デザインによって人々の生活のあり方を変化あるいは変革させようとした。そのことは、以後に続くモダンデザインに特徴的なことであった。このことは、二〇世紀後半以降の現在にいたるまでのさまざまな商品もまた、「ライフスタイル」を提案していることにも見られる。もちろん、ライフスタイルを提案するという今日の商品とモリスの実践とでは、その背後にある考え方は異なってはいるが、デザインによって生活を変化させようとするということでは、両者は、どこかでつながっているといえるだろう。

極言すればモリスは、生活をデザインしようとしていたとすらいえる。ポール・トムスンは、モリスは「夕食の料理の有用な技術」に個人的な楽しみを感じていたと述べている。また「彼は自分が本職とした生活の主要部分を住宅内の細かい道具立ての改良に当てたのである。未来には『陶芸や家具や火格子』それに衣服、ナイフやフォークなどのすべてが、芸術であると同時に日常生活と一体化されるべきであるという考えは、彼の信念の切り離せない部分になっていた(3)」という。

モリスは、料理から日用品そして室内にいたるまで自らの生活を大切にしていたことが、こうした記述からもうかがわれる。生活の隅々にいたるまで自らの趣味によってつくりあげていく。彼は、生活と芸術の「一体化」を実現しようとした。しかも、生活に供するものをすべて自ら、あるいは彼の仲間たちとデザインしようとしていた。彼のデザインによる生活の変革は、言い換えれば「良い趣味」による生活の変革ともいえるだろう。自身が考える「良い趣味」を社会に広げていくことが、モリスのデザインの運動だった。モリスは、自らデザインを手がけもするが、他方では、それを自らの生活の中で使う。つまり、モリスはデザインの送り手であると同時に自ら受け手でもあった。

民藝・趣味の論理

日本において、「受け手の美意識」を実践した代表的な人に、民藝（民衆の工藝）を提唱した柳宗悦《むねよし》がいる。柳宗悦は一九二六年「日本民藝美術館設立趣意書」を発表し、民藝運

図45　柳宗悦邸、長屋門

図46　柳宗悦邸、ダイニングから座敷へ

動の核をつくった。二〇年代、伝統的な工芸の領域で活動していた若い作家たちが用の美を主張して、新しい表現を模索したのに対し、日常生活の生み出す道具（用）から美を再発見するという逆の方向をとったのが柳宗悦の「民藝」運動だったといえる。

柳は伝統工芸のように歴史的に支配階級の使ってきたものではなく、民衆の使ってきた日常的工芸、つまり民藝にこそ、使われてきたことの美しさがあるとした（図45、図46）。こうした視点は、自国の民衆の再発見を意味する。それは、いわば外国人の視点に似て、同時代にあってはインターナショナルな知識人からしか出てこないものであったといえるだろう。また、柳は、日本のものだけではなく、韓国（朝鮮）の日用品の持つ美しさを再発見してみせた。その美意識は、強く「趣味の論理」に支えられている。

柳の視点は、生産者のものではなく、使う側のものであった。実際、柳は、多くの職人の仕事を再発見しているが、自身がデザインするというわけではなかった。

しかし、生活の道具の総合的美学を持っていたという点において、ウイリアム・モリスのアーツ・アンド・クラフツに近い考え方を持っていた。

柳を中心とした民藝の運動には、河井寛次郎、浜田庄司、富本憲吉、黒田辰秋、棟方志功、青田五良、柳悦孝、バーナード・リーチといった作家が参加していった。

たとえば、黒田辰秋の漆のデザインは、朝鮮の民藝的デザインからの影響がある。それは、朝鮮のデザインを外側から眺めるエキゾティシズムの視点が見られる。また、浜田庄司の家具は、イギリスの田園風の家具を思わせるデザインになっている。池田三四郎が基礎をつくった松本民芸家具は、イギリスの田園風の家具のイメージがさらに強く現れている。彼のデザインに対するバーナード・リーチの指導も少なからずその要因となっている。

モリスの家具もまた、実のところ、かつての田園風の家具に影響されているといえる。結果として見れば、松本民芸家具は、日本の近代がつくり出した洋家具の中で、結局はもっとも統一されたスタイルを生み出したもののひとつだといえるだろう。

富本憲吉のデザイン

ここで興味深いのは、モリスのアーツ・アンド・クラフツに惹かれた陶芸家の富本憲吉だ。富本は一九〇八年、東京美術学校（現・東京藝術大学）の図案科室内装飾専攻の卒業制作を期限前に提出し、ロンドンに私費留学する。卒業制作は、「音楽家住宅設計図案」で、外観完成予想図と立面図（四面）およびプランと立断面図からなっている。同時代のイギリスの郊外住宅を思わせるロマンティックな雰囲気のデザインだ。当初、彼は陶芸ではなく住宅建築を目指していた。

ロンドンでは、ロンドン州議会立セントラル・スクール・オブ・アーツ・アンド・クラフツで、ステンド・グラスの実技を学ぶとともに、工芸品や図案のスケッチをするために、ヴィクトリア・アンド・アルバート・ミュージアムに通ったようだ。ウイリアム・モリスのデザインの考え方に強く影響を受けて一九一〇年に帰国する。この頃、来日していたバーナード・リーチと出会い、その後長く交遊することになる。

一九一一年には、富本は日本橋の清水満之助店（現・清水建設）で仕事をしている。この年に、上野で開催された東京勧業博覧会に岡田信一郎と田邊淳吉が「紳士住宅図案」を出品しているが、これは富本の設計ではないかとされている。イギリスの郊外住宅風のデザインだ。

その後すぐに奈良にアトリエを設け、創作活動を始める。ふすま絵、扇子、お櫃、硯箱などの日用品、木版、刺繍などをつくっている。木版は、植物などを図案化したもので、アーツ・アンド・クラフツ風のスタイルで、素朴でなかなか愛らしくもあり味わいのあるものだ。また、子どものためにデザインした椅子はマッキントッシュを想起させる（**図47、図48**）。富本は、自分の生活に関わるさまざまな日用品を自らデザインし製作することに力を注いだのである。そしてリーチの影響もあり、楽焼《らくや》きをつくるやいなや、焼き物にのめり込んでいく。これが陶芸家としての富本の始まりである。

その後、東京の千歳に自邸を設計しており、そのプランもまたイギリスの郊外住宅をモ

図47　富本憲吉が子どものためにデザインしたハイバック・チェア、1922年頃

図48　チャールズ・レニー・マッキントッシュのデザインした、ヒルハウスのハイバック・チェア（1903年）。富本憲吉は、マッキントッシュのデザインをロンドン在住の時期に見ていたかもしれない

デルにしたと思われる。家具から住宅にいたるまで、富本は、自分の生活を美しく心地良くするために自ら総合的にデザインしているのである。モリスからの影響であったといえるだろう。デザインは、まずは自らの生活を豊かにするものだという考えである。

富本の場合もモリスと同様、自らデザインし、それを生活に供するものとした。生活に供するという意味では、自ら「受け手の美意識」の実践者であった。

そうした富本のデザインの考え方は、リーチそして柳宗悦の民藝の概念と共通するものであった。だから、たちまち相互に共鳴することになった。けれども、富本は早くも一九一二年、自ら収集した陶磁器の標本を捨てている。陶磁器のデザインが、伝統的な図案のいわゆる「うつし」を続けてきたことに対してオリジナリティの欠如を意識し始めたのである。宗悦は、「うつし」を続けることによるデザインの洗練を民藝の美しさのひとつとした。たしかに、富本も当初、同様の美意識を持っていた。

しかし、富本にとってデザインのオリジナリティへの意識が強くせりあがってくる。その結果、民藝からも、モリスのデザイン思考からも離れていくことになる。自らの生活を心地良くするためのデザインから、人々の鑑賞を目的としたデザインへと向かうことになる。富本にとって、陶芸は、形態から図案まですべてを自身で統制できる完結した表現対象だったのだろう。その表現は、日常生活からはるかに遠く、精緻な鑑賞作品を生み出すことになる。その結果、重要無形文化財の陶芸家富本となる。

日々の暮らしを心地良くするためのデザインは、生活にとけ込むことを目指す。それに対して、作家のオリジナリティを表現するデザインは、日常的な環境とは離れ、ひたすら鑑賞を目的とすることになる。つまり、富本の中では、デザインの「受け手の美意識」という面は消えていったといえるだろう。

こうした富本に対して、柳宗悦は、むしろ「受け手の美意識」をより徹底して「趣味の論理」を実践したといえる。

（1）*TASTE: AN EXHIBITION ABOUT VALUES IN DESIGN*, Written and edited by Stephen Bayley, Boilerhouse Project, Victoria and Albert Museum, 1983.

（2）イマヌエル・カント『判断力批判』篠田英雄訳、岩波文庫、一九六四年。
Immanuel Kant, *Critique of Judgment*, Translated with Introduction and Notes by J. H. Bernard, DOVER Publications, 2005.

（3）ポール・トムスン『ウィリアム・モリスの全仕事』白石和也訳、岩崎美術社、一九九四年。

第8章　デザインの百科事典

——デザイン・ミュージアムの展示

百科事典と博物館

わたしたちは、何かのことが知りたければ、まず百科事典を引いてみる。また、美術や音楽その他もろもろのジャンルの細かい事柄をさらに知りたければ、それぞれの専門の事典で調べる。さらには、新書を読んでみる。新書は、一項目の記述が多くなった百科事典だともいえる。つまり、新書をたくさん揃えるとその全体が事典を構成することになるからだ。そこから先の調べ方は、多様になっていく。

同様のことだけれど、博物館もまた、何かのことを知る手がかりを与えてくれる。たとえば、現代美術のことが知りたければ、まずは現代美術館に行く。焼き物のこと、楽器のこと、衣服のことなどが知りたければ、それも博物館（美術館）に行ってみるのがてっとり早い。博物館は、百科全書と同様、かならず何かの手がかりを与えてくれると同時に、現物を見せてくれる。したがって、「デザイン」のことが知りたければ、デザイン・ミュージアムへということになる。

百科全書と市民向けの博物館の登場は、ほとんど同時期であった。一八世紀から一九世紀にかけて広がった博物学と関連し、また一八世紀の市民社会を背景に権力者がコレクションを市民に公開し始めたことによって博物館の開設が広がっていく。それはまた、ドゥニ・ディドロやジャン・ル・ロン・ダランベール、ルイ・ド・ジョクールたちによるエンサイクロペディアに代表される一八世紀の啓蒙主義とも関わっている。誰もが等しく情報を受容する権利があるとする啓蒙主義は、百科全書だけではなく、公共の博物館そしてとりわけ図書館の開設の意味づけとなった。そうした意味では、啓蒙主義や革命をともなった市民社会の形成を体験しなかった日本では、図書館をふくめて博物館の成り立ちは、ヨーロッパとは異なっているように思える。

たとえば、日本の研究者たちは、いまだに図書館のコレクションに全面的に依拠することなく、少なからず個人蔵書を頼りにしている。また、インターネットによる情報の公開とその共有のシステムも、日本は欧米の後を追う形で広がっていった。日本におけるインターネットが、公共性に関しては欧米とは異なった様相を持っているのも、情報に関するそうした歴史的背景があるように思える。

デザイン・ミュージアム

ところで、デザインのことが知りたければ、まずはデザイン・ミュージアムへ行くということになるのだけれど、日本では、総合的な形式での公的なデザイン・ミュージアムは現在のところない。たとえば、東京国立近代美術館・工芸館では、工芸品のデザインを見ることができる。また、宇都宮美術館をはじめ、いくつかの美術館では、モダンデザインのコレクションを収集してはいるけれど、総合的なコレクションというわけではないので、そうした美術館の、一ヵ所だけで、多くのデザインを一気に見るということはできない。

他方、近年、日本では家電や自動車メーカーあるいは印刷会社がつくる企業博物館がかなり増えた。そうした博物館は、家電や自動車を、ときには自社製ばかりでなく他社のものも収集して展示している。さまざまな製品や印刷物（グラフィック）の展示は、デザイン・ミュージアム的な機能を担っているともいえる。しかし、そうした博物館もまた、あくまでも自動車や家電などそれぞれの領域の、ある程度かぎられたものを展示しており、総合的にデザインを見せているものではない。

また、戦後の家電製品や家具などを収集し展示する地域の博物館が少しずつ出てきてもいる。けれどもその展示を見ると、ほとんどが説明なしに洗濯機や掃除機などを並べている状態になっている。メーカー、生産年などのデータだけが表示されていることがほとんどだ。

したがって、鑑賞者は、戦後の家電製品や家具を眺めてどことなくノスタルジーを感じるだけで終わってしまう可能性が高い。ノスタルジーを感じさせる展示品は、たしかにそれだけで十分魅力的だともいえる。しかし、ノスタルジーには通常、論理がなく、それだけのことで終わってしまう。つまり、一九五〇年代の洗濯機や冷蔵庫が展示されていても、それが古い（懐かしい）洗濯機や冷蔵庫であるということしか理解できない。

美術作品の場合通常は、作品名、作家名、制作年、メディア（油彩や鉛筆といった）などのデータの表示だけになっている。地域の博物館に展示された家電製品や家具などの表示も、生産年やメーカーなどのデータだけになっているのも、そうした美術作品の表示形式をモデルにしているからなのかもしれない。

美術作品を鑑賞することと、デザインを鑑賞することは感覚をめぐって共通するところはある。美術作品は社会的コンテクストをもちろん無視しえないものである。同時に、それは美術家の自己表象である。他方、デザインは、もちろんデザイナーの自己表象となっている部分はあるにしても、経済のあり方、市場の特性、生産技術、あるいは生活の習慣や価値観、人々の欲望など、かなり複雑な社会的な脈絡があって成立している。

もちろん、こうした比較があてはまらない場合はある。しかし、多くの場合、デザインは複雑な社会的脈絡があって成立しているがゆえに、デザインを目の前にして、それが冷蔵庫や炊飯器であるという、そのもの自体の存在はすぐに了解されるにしても、それを成立させている多様な意味がにわかに読みとりにくいように思えるのだ。

前節でふれたように、近代の博物館（美術館）は、歴史的には博物学や啓蒙主義によって始まった。つまりは教育的装置としてある。してみれば、デザイン・ミュージアムもまた、デザインをどのように教育していくかということと深く関わっており、そうした視点からも、展示や解説が考慮される必要があるだろう。

デザインの展示

たとえば、一九五〇年代の電気洗濯機が展示されていたとすると、わたしたちはそこからどのような情報を読みとることができるだろうか。製品とともに、当時の広告や、それを使う生活風景の写真などを一緒に展示し、的確な解説文をつけることができれば、もう少し製品の意味を理解することができるかもしれない。

また、その洗濯機の外観デザイン、機能、素材の特性は何か。そして、洗濯機をめぐる周辺の環境、たとえば、井戸では使えないこと。したがって、当初は、井戸にモータを取り付けて水をポンプアップする家庭が少なくなかったこと。また、洗濯機では固形洗剤が使えないこと。その結果、膨大な数の液体や粉末状の洗剤が出現したこと。さらには、洗濯機で洗濯可能な衣服のデザインの普及（たとえば化繊の衣服や、シワを気にしなくてもいい木綿のジーンズやTシャツ）等々にいたる、もの（デザイン）の連鎖まで視野に入れて説明する必要があるかもしれない。

　他の例をあげれば、比較的長い間、電話機が黒であったことは、当初それが家庭の主婦のおしゃべりのための装置であることをさほど意識していなかったためではないだろうか。初期の電話は、ビジネスのための装置であり、家庭においても実務目的に使われる装置であると業界は考えていたと、クロード・S・フィッシャーは述べている。また、「おしゃべり」つまり社交のための装置と考えることは、少々不謹慎なうしろめたさがあったともいう(1)。ビジネスのための装置ということは、オフィスで使用されることが一義的に考えられることになる。そして、近代のビジネスの空間では、さまざまなものが「禁欲的」であるようにデザインされることが多かった。タイプライターなどのオフィスでの道具や装置、そしてそこで着られるスーツが近代では、「黒」であったことは、それが禁欲的な意味を担ったからだ。それはまた、近代における産業ブルジョワジーの禁欲的な思考を映し出しているともいえるだろう。産業を意味する「インダストリー」には、「勤勉」「努力」といった意味もある。

　オフィスの装置や道具はやがて黒ではなくなる。電話機のデザインは、その色彩についてだけではない多様な意味を持っているし、その変遷もまた興味深いものである。

　また、家庭用の冷蔵庫が一九三〇年代半ばに、レイモンド・ローウイによって「白」くデザインされたのは、「清潔さ」のイメージを打ち出すためであり、以来、「清潔の美学が家庭の風景の規範」になってきたのだとアドリアン・フォーティは指摘している。[2]

生産年、メーカー名あるいはデザイナー名など基礎的データだけを付した洗濯機や冷蔵庫の展示から、その装置や道具の意味を即座に読みとることは、なかなか大変なことである。繰り返しになるが、もののデザインは、わたしたちの生活や生活様式、また、さまざまな生活行為に深く関わっている。したがって、そこから社会や時代の文化を理解することができる。デザイン・ミュージアムのコレクションの展示や解説には、デザインに関わるそうした情報を簡潔に入れることが望ましいだろう。

次に、海外のいくつかのデザイン・ミュージアムに目を向けてみよう。

V&A

世界で最初のデザイン・ミュージアムは、ロンドンにあるヴィクトリア・アンド・アルバート・ミュージアム（V&A）とされている。

一八五一年、ロンドンで第一回万国博覧会が開催された。このときに集められた品々とともに国立デザイン学校のコレクションを基礎として、翌五二年、デザインを学ぶ学生に刺激を与えるためにという目的で、マールボロ・ハウスに、製造品のミュージアム「産業博物館」が設立された。その後、この施設は、一八五七年に文化施設建設用地として指定されたサウス・ケンジントンに装飾美術館として移され、それがV＆Aの現在の形となった。

現在の建物は、一八九九年、アストン・ウェッブの設計で着工されたもので、ヴィクトリア女王とその亡夫アルバートを記念する美術館としてV＆Aの名称へと改められた。当初、産業博物館はデザインを学ぶ学生を対象にしていたのだが、V＆Aに改められてからは、産業家、デザイナー、デザインを学ぶ人、そして生活者にデザインを啓蒙することを目的とした。専門家と同時に市民に向けてのデザインの教育的施設として位置づけられたのである。

その後、たとえば、『美術様式論』の著者アロイス・リーグルが二〇代後半で加わったことでも知られる「オーストリア美術工芸博物館」をはじめ、ヨーロッパ各地にデザイン・ミュージアムがつくられるが、それらはV＆Aをモデルとすることとなった。

いずれにしても、一九世紀以降の機械生産品もかつての質の高い工芸品と同様にコレクションし、それらの展示を、専門家のみならず、デザインの啓蒙として生活者に向けている。

現在、V＆Aは、各時代別、各地域別で展示を行っている。同時に、いわば「見本資料」形式の展示である。たとえば、テキスタイルの部門では、これまでに収集したコレクションをパネルにし、膨大な数のパネルを引き出して閲覧できるようにしている。これは銀器などの部門でも同様である。つまり、作品を「鑑賞」するための展示と同時に、「閲覧」するための展示があるのだ。「閲覧」形式の展示は、まさに百科全書的な知の展示といっていい。

ちなみに、近現代の美術を展示する美術館は、その始まりにおいて、展示品を歴史的資料と同様に標本のように置いておくことに違和感を抱き、美術作品をそれにふさわしい形で展示することになったし、さらには、美術作品をふくめた空間そのものの構成が行われるようになっていった。そうした作品展示のあり方は、多くのデザイン・ミュージアムにおいても踏襲されてきた。

しかし、V&Aのようにデザインを標本のように扱い閲覧させるような展示は、さほど多くない。デザイン・ミュージアムが、V&Aのように専門家と同時に市民に向けてのデザインの教育的施設としての機能を持っている場合には、百科全書的な閲覧システムによる展示もまたきわめて重要なものだといわなければならない。

さらにV&Aでは、古い家具や調度品のフェイクの見分け方や、量産品と手工芸品の見分け方などを解説している。しかも、そうした解説に関しては、現物を手にとって見られ

図49　V＆Aの展示。フェイクのデザインの特徴を示している

るいわゆるハンズ・オンにしている。たとえば、ゴシック風の椅子を展示して、「これはゴシックのフェイクです」とコメントしている（図49）。椅子の背もたれなどに施された彫刻が平面的であることなどの理由をあげている。

あるいは、日本風の箪笥《たんす》が展示されているが、それが実は、日本のオリジナルの箪笥ではなく、取っ手などさまざまな部品の寄せ集めによっていることを逐一示している。

また、銀の容器の展示では、一方はすべてを手工芸でつくったものと、他方は型の流し込みでつくったものを展示している。この展示では、内側がラフにつくられていることが型の流し込みでつくったものの特徴であることを解説している。

V＆Aの展示解説をさらに紹介すると、たとえば一七世紀の家具の展示の中に立派な本棚があり、その解説には、この本棚はサミュエル・ピープスがつくらせたものとほぼ同じものだとある。棚板が動かせるようになっていることが特徴となっている。本棚のサイド・パネルに棚板の幅でスリットを入れて、棚板の取り外し移動を自在にしている。

ピープスは、一七世紀のイギリスの官僚で、のちに海軍大臣となった人物だ。彼は、不思議な日記を残したことで知られている。そのピープスの本棚の棚板が動かせるということは、この時代に、さまざまなサイズの本が増えたのだということが理解できる。

つまり、本棚のデザインを知ることで、当時のブックデザインそして出版文化に関する情報も得ることができる。実際、ヘンリー・ペトロスキの『本棚の歴史』には「本の寸法のばらつきが悩みの種になり始めた時期は、十七世紀にまで遡ることができる」とある。ペトロスキは、ピープスが蔵書を特別に製本させていたことにふれているが、可動式棚板の本棚をつくらせたことにはふれていない。しかしピープスが本箱に頭を悩ませていたことをペトロスキは指摘している[3]。

ピープスの死後、ケンブリッジ大学モードリン学寮に彼の日記とともに、蔵書三〇〇〇冊が寄贈されたことが記録されている。その数から見て、ピープスが蔵書家であったことが了解できる。なお、ついでながらふれておくと、多言語混合の英語で書かれたピープスの日記を解読した無削除版が刊行されたのは一九七六年のことである。

ともあれ、一七世紀の本棚の短い解説ひとつをとってみても、Ｖ＆Ａの展示解説には、やはり百科全書的な教養を垣間見ることができる。また、その後のヨーロッパにおけるデザイン・ミュージアムのモデルになったことの名残を見ることができる。

MoMA

はっきりと「近代デザイン」をテーマにしたのは、ニューヨーク近代美術館（MoMA）である。MoMAは一九二九年に開設された。初代ディレクターのアルフレッド・バーは、絵画や彫刻と同じようにデザインと建築をコレクションすることを開設当初から企画していた。これは画期的なことだった。実際にコレクションが始まったのは、三四年の『機械芸術展』を契機にしてであった。この展覧会は、デザイン・建築部門の最初のディレクターであるフィリップ・ジョンソンが企画したものである。そして、この展覧会のときの展示がコレクションの核となっていった。

したがって、MoMAのデザイン・コレクションの基本は、バーとジョンソンによって整えられたといっていい。

MoMAのデザイン・コレクションは「装飾美術」という名称ではなく、「デザイン」であったところが、当時、まったく新しいコンセプトによる美術館コレクションとなった。近・現代美術をテーマにしたMoMAのコレクションは、もちろん近・現代デザインのコレクションとなっている。そのコレクションは、家庭用品、オフィス用品、家具、テープルウエア、道具、テキスタイルなどといったカテゴリーで収集されている。大きさとしては、ピルボックスのようなものからタイプライター、モーターボートのプロペラ、タッパーウェアといったもの、そしてクルマやヘリコプターにいたるまで集められている。グラフィックに関しては、ポスター、タイポグラフィその他の印刷物が収集されている。

コレクションを選ぶにあたっては、時代のスタイルとなっていくようなものであることや質が問われる。時代のスタイルであることや質が問われるということは、広い意味での時代における良質な様式となったデザインがテーマになっているといえるだろう。こうした選択の基準は、かなり抽象的である。

それらのデザインは、多様な条件や要素によって成り立っている。時代の技術、時代の素材、経済的計画などのほかに、新たな生活様式の提案や社会的要請、さらには美意識をふくめた感覚的な要素、また市場的な条件などなどである。そうした多様な条件や要素から成り立つデザインが、コレクションされることになる。実際、展示されているラジオやドライヤーの形態を見るだけで、その時代のデザインの流れが感じられる。

ちなみに収集品の数であるが、製品デザインのコレクションだけ見ても、一九五九年の段階でも八五〇〇点収集されている。八〇年代のはじめには三〇〇〇点を超えるコレクションになっており、したがって、現在は、さらに膨大なものになっているはずだ。

MoMAは、二〇〇四年に谷口吉生の設計で増改築が行われた。この増改築後、デザイン・コレクションの展示が充実した。二〇世紀のデザインを中心としたその展示は、時代ごとに地域やジャンルを超えたまとまりがつくられている。つまり、アーツ・アンド・クラフツやアール・ヌーヴォーなどの一九世紀の家具から二〇世紀バウハウスやイームズの家具などを見せている。また、ジャン・プルーヴェ（フランス）、チャールズ・イームズ（アメリカ）、ポール・ケアホルム（デンマーク）の同時代のデザインがひとまとまりで展示されるという形式になっている。この展示では、各地域やデザイナーが特定の時代の中でどのようなデザインをしたのかを比較して見せるものとなっている。さらに、プラスティック製のドライヤーやラジオなども展示されている。モダンデザインの流れをダイジェストして見せている。

ついでながら、二〇〇二年に開館したミュンヘンの「ピナコテーク・デア・モデルネ」のモダンデザイン部門（ノイエ・ザムルング）の展示は、MoMA同様、二〇世紀を中心とした時間系列の見せ方をとっている。そのモダンデザインに関するコレクションはヨーロッパ最大といわれている。

ブルックリン美術館

ブルックリン美術館は、デザイン・ミュージアムとしてではなく、古代エジプトのしっかりとしたコレクションで知られている。建物は、一八八〇年に開設され、その後、一九七〇年代に拡張され、さらに八六年に、磯崎新の設計で拡張が行われた。この新しい拡張部分をふくめてのオープニングとして、同じ年の一〇月に『アメリカの機械時代一九一八―一九四一』展という大規模な展覧会が行われた。

この展覧会は、両大戦間の時代、つまり機械が日常生活の中に一気に浸透していった時代のデザイン・建築を中心とした展覧会であった。一九八〇年代半ばは、デジタル技術が生活の中に広がっていった時代である。その新たな技術が、生活環境をどのように変化させるのかということが語られ始めた時代でもあった。そうした時代にあって、過去の機械技術がどれほど生活環境、社会を変容させたのかを振り返ってみようという意図によって企画された展覧会であったといえるだろう。つまり、デジタル技術の時代を考えるための手がかりとして、過去の機械技術時代の生活環境の変容を参照するというものである。この展覧会のカタログは、すばらしいもので、アメリカのモダンデザインを知る上での基本文献のひとつとなっている。

ブルックリン美術館は、デザインのコレクションを常設展示しており、その中心となっ

図50　ブルックリン美術館の「ヴィジブル・ストレージ」

ているのが、アメリカの両大戦間時代の家具や日用品である。したがって、一九八六年の展覧会のために収集されたものが多くふくまれていると考えていいだろう。それ以外にも、一九世紀から二〇世紀初頭のアメリカの室内デザインがそのまま再現され展示されている。その展示は、ショウ・ウインドウの中につくられた室内をのぞくような形式の独特のスタイルをとっている。

　何よりも特筆すべきことは、「ヴィジブル・ストレージ」という個性的なデザイン展示方式をとっていることだ（図50）。美術館の展示スペースに、きちっとした形式でデータなどを表示してデザインを展示するのではなく、デザインを集めたいわば収蔵庫スタイルの空間をそのまま見せるという展示方式である。

　このスペースの入り口には、「Visible Storage・Study Center」という表示が掲げられている。大きなガラスのドアを開けて中に入ると、そこには、ガラスで囲まれた収蔵棚に、カトラリーから家電、そして家具までが置かれている。時代的には、一九世紀から現代までのものが中心となっている。収蔵棚なので、作品のそばにはデータは付されていない。必要があればパソコンで検索する。こうした展示は美術館としては不完全なものかもしれないが、どのようなコレクションがあるのかを、おおよそ見ることができるという点では、なかなか面白い展示方式だといえるだろう。

クーパー・ヒューイット国立デザイン・ミュージアム

MoMAと同じニューヨークにあるスミソニアン分館の「クーパー・ヒューイット国立デザイン・ミュージアム」は、MoMAやブルックリン美術館とは異なって、一言でいえば専門家向けのデザイン・ミュージアムといえるだろう。

一八九七年に、産業家のピーター・クーパーの三人の孫が設立した、科学と芸術の促進のためのクーパー・ユニオン（The Cooper Union for the Advancement of Science and Art）が母体となっている。一九六七年に、スミソニアン博物館の分館として現在の形になった。建物はアンドリュー・カーネギーの屋敷を転用している。セントラル・パークわきのフィフス・アヴェニューには、資産家の屋敷が多く、それを転用した美術館が並んでいる。

クーパー・ヒューイットの収集品は約三〇万点と膨大な数にのぼるのだけれど、常設展示はほとんどない。企画展が中心となっている。

また、特徴的なことは、デザインに関する資料や書籍を収めた図書館が充実していることである。図書館を利用するには、二日前に電話で予約する必要がある。ノーマン・ベル・ゲディーズの自筆の資料など、アメリカのデザイナーの一級の資料を見ることができる。さきに述べたようにまさに専門家向けのすばらしい施設である。

パワーハウス・ミュージアム

シドニーの「パワーハウス・ミュージアム」は、その名称どおり、かつて発電所だった建物をミュージアムにしている。この博物館は、作家としてのデザイナーを中心にするのではなく、あらゆるものをデザインの対象として収集している。たとえば、かつてあった店舗や住まいの一部をそのまま再現している（図51）。V&Aのように、収集品を標本形式で閲覧するほどにはいたっていないが、死刑装置の電気椅子からイタリアのデザイナー、エットーレ・ソットサスの椅子までを同時に展示するシステムには、やはり百科全書的視点を見ることができるかもしれない。

すでにふれてきたように、デザインには社会的文脈としての意味が織り込まれており、そのことをどのように伝えていくかは、教育的装置であるデザイン・ミュージアムの重要なテーマである。このことは、文字や音声で伝えることもあれば、展示物の組み合わせで伝えることもある。

「パワーハウス・ミュージアム」では、死刑装置の電気椅子がさまざまな日常的な道具や装置、そして日常的な椅子、さらにはソットサスのクラフト的な椅子と混在して展示されている（図52）。そのことによって、椅子の持つ意味がそれとなく浮かび上がってくる。椅子に座ることは、幾分か身体を楽にさせる。つまり、椅子は休息の装置であり、また室内にあってそれは美的なオブジェであることが示されている。そうした椅子が時として死の装置としてデザインされたということであり、そこに死をめぐる近代の意識が示される。つまり、死刑という究極の拷問は、せめて身体の安楽な状態を意味する「椅子」で執行しようとしたという意識を、そこにはっきりと読むことができるのである。もし、電気椅子が、他の日常的な道具や装置と並列されることなく、まったく単独に展示されていたら、「死刑」を安楽にという近代的思考の奇妙さや残酷さに気づかないだろう。

こうした形で、無名の日用品からデザイナーによる家具にいたるまでの展示を見ていると、デザイン史のみならず、さらには、いわゆるマテリアル・スタディーズへとその対象が広がっていくことを感じさせるものがある。デザイン・ミュージアムは、デザインを知るための、最初の手がかりを与えてくれる、まさに百科事典のようなものである。

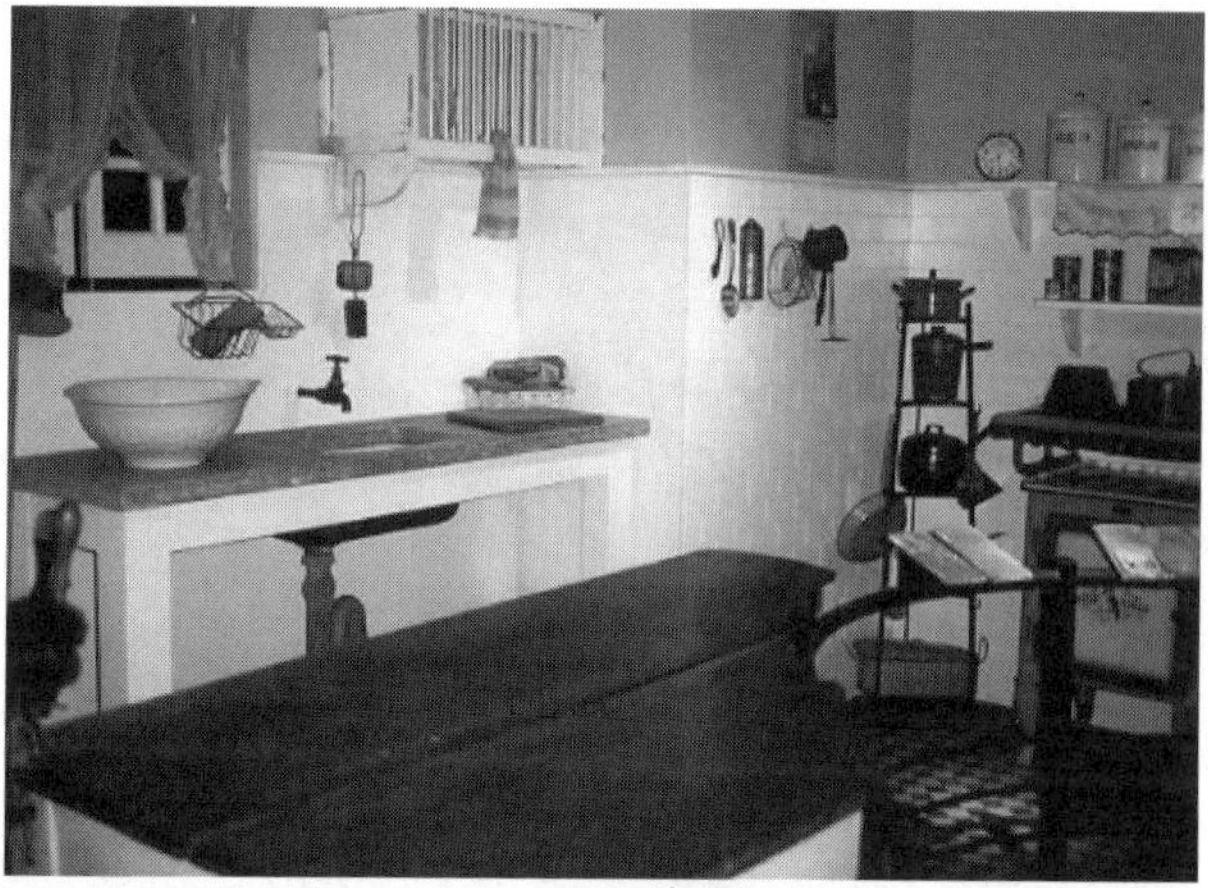

図51　パワーハウス・ミュージアムの展示。オーストラリアのキッチン

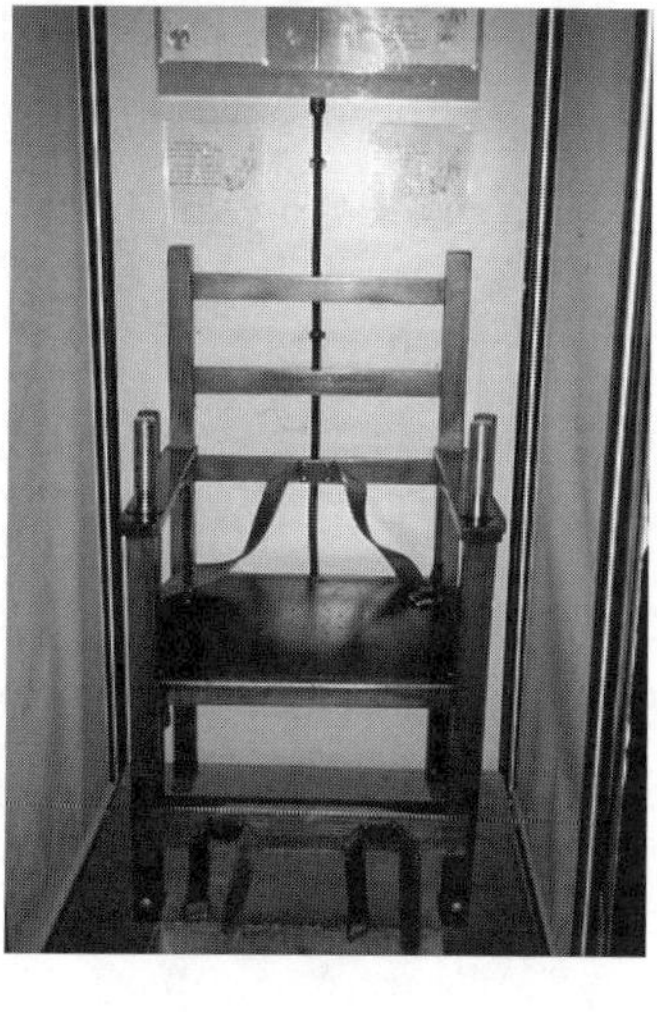

図52　パワーハウス・ミュージアムの展示。死刑装置・電気椅子

（1）クロード・S・フィッシャー『電話するアメリカ―テレフォンネットワークの社会史』吉見俊哉・松田美佐・片岡みい子訳、NTT出版、二〇〇〇年。

（2）アドリアン・フォーティ『欲望のオブジェ　デザインと社会　一七五〇―一九八〇』高島平吾訳、鹿島出版会、一九九二年。
Adrian Forty, *OBJECTS OF DESIRE: Design and Society 1750-1980*, THAMES AND HUDSON, 1986.

（3）ヘンリー・ペトロスキー『本棚の歴史』池田栄一訳、白水社、二〇〇四年。

おわりに

古い話になるけれど、一九六〇年代末から七〇年代に広がったいわゆる「対抗文化」は、それまでのわたしたち自身の中にあった考え方や、ものの感じ方そのものに、疑問を投げかけ、その結果、それまでとは異なった視点をもたらすことに少なからず寄与したといえるだろう。それは、あらゆる領域において、それまで疑う余地のないようなことと思われたものを、再検討してみようとする動きにつながった。

たとえば、同時代にアメリカ西海岸で刊行された『全地球カタログ』（Whole Earth Catalog）は、産業社会が生み出した膨大なものと情報を、それを生み出したシステムからいったん引き離し、自分の生活にとって本当に必要なものは何かという価値基準によって再検討し編集しなおし、建築家やデザイナーなどの専門家ではない普通の生活者に、生活は自身で組み立てることができるのだということを示してみせた。『全地球カタログ』の刊行は、産業社会が生み出した暮らしのスタイルから離れて、もっと自由に発想するきっかけを与えた。そして、同じような方向性を持った、さまざまなカタログが刊行されるきっかけにもなった。

たとえば、同時代に刊行された女性のためのカタログでは、「ライセンスなしの健康管理」を提案している。それは、自身の身体を単に、既存の医療にまかせきりにするのではなく、自身の身体を自ら知ることがいかに大きな意味を持つかということを認識させた。

そうした文化的な出来事が、すでにはるかに遠く離れた時代のことになってしまった現在。しかし、既存のシステムへの再検討をしようとすると、実は、その遠く離れてしまった時代の出来事が生み出した提案とほとんど同じ提案を繰り返していることに気づく。

たとえば、二〇一一年三月一一日の東日本大震災と、津波による原発のメルトダウン。圧倒的な巨大技術、集中管理、生産と消費の遠隔地化などの産業社会のシステムに対する再検討によって、自然エネルギー、小さいスケールでの生活者による管理、生産地と消費地を共通の地域とすることなどを提案していたのは、カタログが刊行された時代のことであった。そうした発想は、エネルギーにかぎられることなく、食品や飲料水など生活に関わるさまざまな領域について指摘されたことであった。

ところで、本書は、デザインについて、制作者の視点からではなく、使い手つまり受け手の側から見ることをテーマにしている。デザインは、その制作者であるデザイナーによってのみ実践されているわけではない。わたしたち生活者によってもデザインは、実践されている。たとえば、生活の中で、椅子やテーブルなどを選んでいることは、すでにデザインをする行為にほかならない。川に石を投げ込み踏み石にすれば、それは現代の技術で構築されているコンクリートの橋桁《はしげた》と同じ意味を持っている。さらにいえば、暑い夏の日差しを遮るために朝顔やゴーヤのツタを窓の前に這わせることもデザインである。デザインは、少しでも心地良く生活するための工夫だといえる。

デザイナーもデザイナーではない人々も、心地良く生活するためにどのような工夫をしてきたのか。それを検討することは、デザインを知ることでもある。デザインの実践は、日常生活の実践そのものでもある。そうした視点は、専門家にまかせきりにするのではなく「ライセンスなしの健康管理」を提案した対抗文化の視点を、相変わらず引き継ぐものだといえるだろう。

ミシェル・ド・セルトーは、「日常的実践」とは「消費者が押しつけられたものを自分のものにつくりかえてゆく実践」なのだという。そこにこそわたしたち自身の「痕跡」が残され、また、わたしたちの精神が反映されるのだ。これはおとなだけでなく子どもでも実践している。「子どもならせめても落書きができるし、学校の教科書を汚すこともできる。そんないたずらをして罰せられたとしても、子どもは自分のためのある空間をつくり、そこに作者としての自分の署名をしるす」のだとセルトーは指摘する。

わたしたち消費者は、ただ受け身なだけではない。わたしたちはものを選択し、そして自らの生活の中で組み合わせ、つまり編集し、そしてときにはつくりかえていく。また、そうした日常生活の実践をより豊かなものに、またより心地良いものにするために、デザインとはどういうものかを見ておくことが、少なからず手がかりを与えてくれるはずだ。

本書では、モダンデザインがどのようなコンセプトを持っていたのかということにも、また同時に、日常生活の中での創意工夫がどういう意味を持っているのかということにも目を向けている。さらには、装飾、趣味、色彩や素材といった、できるだけさまざまな視点からデザインを見直してみることにした。本書が、「日常生活の実践」を、わずかながらでも豊かなものにし、心地良くするための手がかりになればうれしい。

なお、本書は、二〇〇七年一〇月から〇八年八月にかけて雑誌『デザインがわかる』（トム・ソーヤームックシリーズ、ワールドフォトプレス）で連載した文章「デザインの〝へそ〟」をもとに、大きく手を入れ、加筆したものとなっている。当時、担当してくださった杉本恵理子さんには、実に丁寧な編集をしていただいた。また、『「しきり」の文化論』以来のおつきあいになった講談社の田中浩史さんには、本書を快く引き受けていただいた。ともに感謝しております。ありがとうございました。

二〇一一年七月三一日

柏木博

N.D.C.757　221p　18cm
ISBN978-4-06-288124-1

講談社現代新書　2124

デザインの教《きょう》科《か》書《しょ》

二〇一一年九月二〇日第一刷発行

発行者　鈴木　哲

発行所　株式会社講談社
東京都文京区音羽二丁目一二―二一　郵便番号一一二―八〇〇一
電話　出版部　〇三―五三九五―三五二一
販売部　〇三―五三九五―五八一七
業務部　〇三―五三九五―三六一五

装幀者　中島英樹

印刷所　大日本印刷株式会社

製本所　株式会社大進堂

定価はカバーに表示してあります　Printed in Japan

「講談社現代新書」の刊行にあたって

教養は万人が身をもって養い創造すべきものであって、一部の専門家の占有物として、ただ一方的に人々の手もとに配布され伝達されうるものではありません。

しかし、不幸にしてわが国の現状では、教養の重要な養いとなるべき書物は、ほとんど講壇からの天下りや単なる解説に終始し、知識技術を真剣に希求する青少年・学生・一般民衆の根本的な疑問や興味は、けっして十分に答えられ、解きほぐされ、手引きされることがありません。万人の内奥から発した真正の教養への芽ばえが、こうして放置され、むなしく滅びさる運命にゆだねられているのです。

このことは、中・高校だけで教育をおわる人々の成長をはばんでいるだけでなく、大学に進んだり、インテリと目されたりする人々の精神力の健康さえもむしばみ、わが国の文化の実質をまことに脆弱なものにしています。単なる博識以上の根強い思索力・判断力、および確かな技術にささえられた教養を必要とする日本の将来にとって、これは真剣に憂慮されなければならない事態であるといわなければなりません。

わたしたちの「講談社現代新書」は、この事態の克服を意図して計画されたものです。これによってわたしたちは、講壇からの天下りでもなく、単なる解説書でもない、もっぱら万人の魂に生ずる初発的かつ根本的な問題をとらえ、掘り起こし、手引きし、しかも最新の知識への展望を万人に確立させる書物を、新しく世の中に送り出したいと念願しています。

わたしたちは、創業以来民衆を対象とする啓蒙の仕事に専心してきた講談社にとって、これこそもっともふさわしい課題であり、伝統ある出版社としての義務でもあると考えているのです。

一九六四年四月　野間省一